Más allá del Entendimiento Humano

Viviendo con la Mente de Cristo

Más allá del Entendimiento Humano

Viviendo con la Mente de Cristo

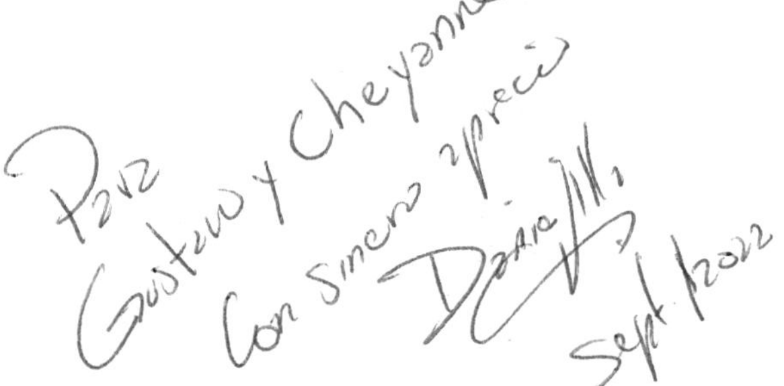

Dr. Daniel Villa

Más allá del Entendimiento Humano
Viviendo con la Mente de Cristo

Contacte al autor:
Dr. Daniel Villa
Email: dnvilla99@gmail.com
www.impactofamiliar.com

Segunda Edición
Más allá del Entendimiento Humano
Viviendo con la Mente de Cristo
© 2016
Diseño de portada: Junior Sánchez

Primera Edición
Más allá del Entendimiento Humano
2004

ISBN: 0-9758966-3-6

Categoría:
Vida Cristiana - Devocional

Dedicatoria

A mi esposa Naíme, compañera y amiga.
A mis hijos Jessica, Lisset, Patricia,
Dan, Alex y Raúl.
A mis padres Ramón Villa y Gladys Ventura.
A mis amados hermanos.

Reconocimientos

A mi esposa Naíme quien me inspiró y animó
a publicar estas reflexiones.
A María Parés y a Milady Gómez por su colaboración
en la redacción del material de la primera edición.

Índice

Prólogo

El autor de este útil libro es una persona que conozco muy bien. Yo he trabajado con él durante más de ocho años en la plantación de una iglesia hispana en la ciudad de Renton, Washington. Además de ser un siervo de Dios, el Pastor Villa es un cálido y atento amigo. Él y su familia son modelos de vida cristiana y de dedicado servicio pastoral.

He leído este libro con mucho cuidado durante el proceso de traducción de esta obra al idioma inglés. Encontré que es una valiosísima enseñanza muy práctica para la vida cristiana. El desarrollo del tema "La mente de Cristo", aclara muchos problemas experimentados por la mayoría de los creyentes. No hay aquí una sorprendente "nueva revelación", pero sí una sólida exposición bíblica ilustrada por atractivas anécdotas y citas.

Esta enseñanza es muy útil para comprender las formas en que Dios trabaja en nosotros su pueblo. El punto fundamental es que no podemos esperar entender al Señor y a su trabajo sin la mente de Cristo, la cual él imparte libremente a nosotros. Éste es un libro que usted debe leer.

Rev. James McKerihan
Pastor y Misionero ACyM

Introducción

Las convicciones humanas tienen que demostrarse en el diario vivir. Lo que realmente creemos se evidencia en cómo vivimos. Lo que somos se impone sobre lo que decimos. Si nuestra generación ha de pregonar su fe necesitará no sólo proclamar esa fe, sino también vivir esa fe y morir por ella si fuera necesario.

Necesitamos creyentes que vivan como tales en medio de los pequeños y grandes desafíos que la vida diaria nos presenta. Personas que vivan el evangelio en el trajín de la casa, en las relaciones interpersonales, en el complejo mundo de los negocios, en los desesperantes embotellamientos de tránsito; en las cortes y en las cárceles.

¿Cómo reaccionamos ante el sufrimiento, la traición o la prosperidad? ¿Cómo entender una muerte prematura? ¿Cómo asimilar un "fracaso", sin llenarnos de amargura? ¿Cómo podremos vivir las demandas de nuestra fe frente a las desigualdades de la vida y sus dolores diversos? La vida cristiana es un milagro, y como tal es sobrenatural. Necesitamos, entonces, una mente también sobrenatural. Necesitamos un entendimiento más allá del ordinario entendimiento humano para poder vivir a la altura que exige nuestro Maestro y no fracasar en el intento. Esa es la razón por la que Cristo pone su mente en nosotros.

Este esfuerzo hecho libro persigue mostrar que mediante la mente de Cristo en los y las creyentes, el Señor nos capacita para que le permitamos vivir su vida en nosotros. Tener la "mente de Cristo" es un asunto eminentemente práctico. Es un concepto para aplicarse en cada día y en cada situación, en un continuo imitar las acciones de Cristo. Es un filtro en el cristal con el cual se mira la existencia humana, matizando nuestras acciones y nuestra filosofía de vida con las enseñanzas del Maestro.

El capítulo primero de este libro explica la interpretación que se hace del texto bíblico en Primera de Corintios 2:16. Sin ánimo alguno de agotar el tema se expone la forma y manera en que el mismo es entendido y aplicado, se explica también cómo podemos obtener un entendimiento más allá de lo humano y natural. Los otros cinco capítulos tratan diferentes aspectos de la vida cristiana y cómo esas situaciones pueden ser más llevaderas cuando realmente se ha asimilado el concepto de tener la mente de Cristo, porque recibimos un conocimiento y una confianza que van más allá del entendimiento humano.

Espero que su lectura sea un ejercicio inspiracional para demostrar que el Señor Jesucristo vive en su pueblo, porque su pueblo vive como Él vivió. Usted es parte de ese pueblo.

CAPÍTULO 1
LA MENTE DE CRISTO

"Nosotros, por nuestra parte, tenemos la mente de Cristo"
1 Corintios 2:16

¿Quién conocer la mente de Dios podría?
¿Quién se le iguala en su divina sabiduría?
¿Quién primero al Señor le instruiría?
¿Quién? ¿Quién tal conocimiento tendría?

No existe hombre que pueda a Dios entender
No existe mujer que sus misterios pudiera conocer
Es el Padre que de sí mismo se ha revelado
Para que el mortal le conozca como Él ha deseado.

¿Pero cómo podremos hacer Su voluntad?
¿Quién Su Palabra en su corazón entenderá?
Él nos ha dado la mente de Cristo
Pues todo lo concedió al darnos Su Hijo

El Espíritu Santo, el buen y fiel Consolador
Jesús nos ha dejado como muestra de su amor.
El solo escudriña lo profundo de Dios, y nos
ayuda a entenderlo para que vivamos mejor

Pensemos entonces con la mente de Cristo
Para que nuestro modo de actuar sea distinto
Vivamos imitando a nuestro divino Señor
Que no existe en la vida mayor galardón

¿Tiene usted la mente de Cristo? Y si la tiene ¿qué es lo que tiene, y cómo sabe que la tiene? ¿Para qué le es útil? ¿La está empleando? ¿Qué cambios, si algunos, se reportan en la vida de la persona que la emplea? ¿Es opcional su uso? El apóstol Pablo en su primera carta a los Corintios, desde el capítulo dos y versículo seis, nos habla de conocer ese "misterio", esa "secreta sabiduría divina", haciendo referencia a las maneras que Dios tiene de obrar, y nos dice que el hombre natural, aquel que no es guiado por el Espíritu Santo, no alcanza a comprender esas formas especiales que el Señor usa para manifestar su gracia y realizar su soberana voluntad.

Lo que entendemos de Dios a través de las Escrituras nos ha sido revelado por su Espíritu, porque Él conoce al Padre y nos fue enviado para que pudiésemos entender todo lo maravilloso que Dios nos ha dado, porque de lo contrario seríamos incapaces de comprenderlo. El apóstol dice: *"...cosas que nadie ha visto ni oído, y ni siquiera pensado."*[1] Sí, tales cosas Dios ha hecho para nosotros los que le amamos. Este verso con frecuencia es mal interpretado sacándolo de su natural contexto, para aplicarlo a las bellezas que describe la Biblia en la Nueva Jerusalén. Muchos se gozan pensando en esto, pero la verdad es aún más gloriosa. Es la forma en que Dios nos ha tratado, la manera en que a Él le plugo salvarnos y darnos el regalo de la vida eterna. En el verso que sigue al citado se lee: *"Pero Dios nos la reveló a nosotros por el Espíritu."*[2] ¡Que maravilloso es saberlo! Esta revelación ocurre a través de la mente de Cristo en nosotros.

Tenemos la mente de Cristo cuando somos guiados y orientados por el Espíritu Santo que mora en nosotros.

---

[1] 2 Corintios 2:9b

[2] 2 Corintios 2:10

No es que el cerebro del Señor es colocado en nosotros, sino que nos es dada la capacidad espiritual para entender los asuntos de fe, teniendo la oportunidad de llegar a conocer más al Padre, y por lo tanto de vivir a la altura espiritual que Jesucristo demanda a cada creyente. Tener la mente de Cristo, es decir, la capacidad especial para entender los asuntos espirituales, nos introduce a una nueva dimensión; la dimensión de la fe, de lo imposible y sobrehumano; la dimensión de Dios. Vivir sin ella nos rebaja a la condición de creyentes carnales.

Podemos identificar dos grandes fuentes de conocimiento humano; una que llamaremos "natural", que es todo el cúmulo de conocimiento que hemos adquirido por medio de los estudios y la experiencia de la vida misma. La otra fuente, que llamaremos *"especial"*, proviene de lo que nos enseña el Santo Espíritu mediante la mente de Cristo en nosotros y por medio de la Palabra y el ejercicio de la fe. Sin duda alguna, al ponernos en las manos de nuestro Señor, Él usará ambos conocimientos, pero sólo a través de la mente de Cristo podemos entender que ganamos perdiendo, y que es "más bienaventurado dar que recibir";[3] que muriendo es que llegamos a la vida y que con nuestro Dios somos mayoría. El cristiano aprende a vivir o sufrir estas paradojas en su vida mediante la mente de Cristo; es decir, con un entendimiento más allá de lo humano, de lo lógico y de lo racional. Precisamente a esto es que el Dr. A.W. Tozer llamó: "Ese increíble cristiano" y en su libro de igual título nos dice:

> *El cristiano aprende pronto que si desea ser victorioso como hijo del cielo entre los hombres de la tierra, no debe seguir las normas comunes de la humanidad, sino precisamente lo contrario. Para estar seguro se pone en peligro; pierde su vida*

[3] Hechos 20:35

para poder salvarla, y corre riesgo de perderla si procura preservarla. Él baja para poder elevarse. Si rehusa humillarse, ya ha sido humillado, pero cuando se humilla, entonces es ensalzado. Es fuerte cuando es débil, y es débil cuando se siente fuerte. Aunque pobre, tiene poder para hacer ricos a otros; y cuando se hace rico pierde su habilidad para enriquecer a otros. Él tiene más cuando ha dado más, y tiene menos cuando posee más.[4]

Sólo el Espíritu Santo, a través de la mente de Cristo, nos capacita para conocer estas verdades y vivir como Sus hijos e hijas; y como tales, conocer más al Padre siendo conscientes de su poder y sus ilimitadas posibilidades. Pero a pesar de que nuestro Dios ha mostrado su amor, su gracia y poder a nuestro favor, en muchas ocasiones preferimos razonarlo todo en nuestra débil y finita fe, en lugar de conducirnos mediante el conocimiento de la mente de Cristo en nosotros. Esta actitud que se describe aquí fue la mostrada por los discípulos de Jesús en múltiples ocasiones.

El Señor Jesucristo, de cinco panes y dos peces alimentó una multitud. Veamos este caso de cerca. Juan nos lo narra en el capítulo seis de su evangelio. Como sabemos, este es el único milagro obrado por Jesús que es narrado por los cuatro evangelios. Una multitud de cómo cinco mil hombres, sin las mujeres y los niños, habían seguido a Jesús. Él les predicó y enseñó. Al ver lo avanzado de la hora preguntó a Felipe sobre la manera de conseguir alimento para aquéllos. Felipe, frío y calculador, usó sus conocimientos y dijo que doscientos denarios de pan no eran suficientes para la multitud; esto sin duda era verdad. Un denario era el salario de un día de trabajo

---

[4] A. W. Tozer. Ese increíble cristiano, 24

de un jornalero. Después de esto se acercó Andrés y expresó: *"Aquí hay un muchacho que tiene cinco panes de cebada y dos pescados, pero ¿qué es esto para tanta gente?"*, y también esto era cierto, lógicamente hablando. Podemos decir que ambos discípulos se olvidaron de todas las maravillas que habían visto realizar a su maestro. No tuvieron en cuenta delante de quién estaban, o quién y por qué les preguntaba. Después del tiempo que los discípulos habían permanecido junto al Señor, (más o menos dos años) debieron dar lugar en sus mentes al cúmulo de experiencias vividas junto a Él. Resulta fácil juzgar a los discípulos desde aquí, y no es nuestro deseo hacerlo, pero la Biblia nos muestra que ellos fueron tardos en aprender.[5]

Es interesante que Juan nos dice que Jesús les preguntó sobre la manera de alimentar la multitud sólo para probarles, porque sabía lo que iba a hacer.[6] Podemos argumentar a favor de los discípulos diciendo que ellos aún no tenían al Espíritu morando en ellos como nosotros hoy, y por lo tanto, no tenían esa capacidad o entendimiento especial que viene con la mente de Cristo en nosotros, pero eso no es del todo cierto. Además, el hecho de que Jesús dijera aquello para *"probarlos"*, nos indica que el Maestro estaba esperando otra clase de respuesta. ¿Cuál hubiese sido la adecuada? Veamos dos ejemplos del tipo de respuesta que creemos que Jesús esperaba. La primera la tomaremos de lo que conocemos como *"la pesca milagrosa"*. Este ejemplo de respuesta correcta la dio Pedro cuando el Señor le pidió echar la red al mar para pescar. Pedro le dijo: *"Maestro, hemos estado trabajando duro toda la noche y no hemos pescado nada --le contestó Simón--. Pero como tú me lo mandas, echaré*

---

[5] Marcos 6:42

[6] Juan 6:6

la redes".[7] Pedro optó por actuar en fe obviando sus conocimientos marítimos y su fallido intento de pescar durante toda la noche. El pudo haber argumentado y pensado que sabía de pesca y que Jesús no. Que habían intentado pescar esa noche y que nada conseguían, pero al considerar quién le pedía echar la red, resolvió hacerlo.

La mente de Cristo nos lleva a caminar no limitados a nuestros reducidos conocimientos sino con las ilimitadas posibilidades del Señor.

El segundo ejemplo de una respuesta correcta la tomamos del Antiguo Testamento; la dio el profeta Ezequiel cuando el Señor le llevó en el Espíritu a un valle lleno de huesos. Representaban un ejército caído en batalla. Ahora aquel valle estaba lleno de sus huesos, acerca de los cuales el profeta dijo que estaban *"secos en gran manera"*. El Señor le preguntó a Ezequiel si él creía que aquellos huesos podrían volver a vivir. No sabemos el tiempo que se tomó el profeta en contestarle. Ezequiel sabía, por su conocimiento secular, que era imposible que por su conocimiento secular, que era imposible que aquellos huesos volvieran a vivir. Pero en su experiencia de fe, como sacerdote y profeta él conocía que Dios es todo poderoso y correctamente respondió: *"Señor, sólo tú lo sabes".*[8]

Sí, la mente de Cristo nos lleva a caminar ya no limitados a nuestros reducidos conocimientos sino conforme a las ilimitadas posibilidades del Señor, según sus riquezas en Gloria y su Soberana Voluntad. En la Biblia se nos enseña que *"debemos renovar nuestro entendimiento, es decir, cambiar nuestra manera de pensar, para cambiar nuestra*

[7] Lucas 5:5

[8] Ezequiel 37:3

manera de vivir y llegar a conocer la voluntad de Dios."[9] Tener la mente de Cristo nos hace conocer más al Padre. Al leer las Escrituras vemos cómo Él ha obrado y lo que podemos esperar a base de ello. La idea no es que adivinemos lo que Dios puede realizar o que podamos encasillarlo en un molde, muy por el contrario, es conocer que Él es Todopoderoso y que actúa por como según su voluntad. Es no detenernos ante los obstáculos, sabiendo que si Él tiene que violentar la naturaleza para actuar lo hará.

La experiencia vivida por el valiente Josué es un buen ejemplo. Estando Israel peleando contra los amorreos y caída la noche, serían presa fácil para sus enemigos, ya que peleaban en tierra extraña. El Señor, ante la acción de fe de Josué, detuvo la tierra extendiendo el día y acortando la noche. ¿Pero en verdad pueden llegar a coincidir los pensamientos nuestros y los de Dios? No siempre será así. Pero cuando no lo sea, debemos someter nuestra voluntad a la suya. El hecho de que nuestros pensamientos no sean en un momento los de nuestro Padre celestial no significa, necesariamente, que nuestros propósitos y planes sean malos. Pablo y Silas deseaban dar la palabra, (una buena acción), y el Espíritu se lo impidió. No es que fuera malo sino que había otros planes mejores para ellos y éstos se sometieron.

Pareciera que la declaración de que puedan coincidir nuestros pensamientos con los de Dios, nos llevara a chocar de frente con la declaración divina en boca del profeta Isaías, cuando dice: *"Porque mis pensamientos no son los de ustedes, ni sus caminos son los míos - afirma el Señor-. Mis caminos y mis pensamientos son más alto que*

[9] Romanos 12:2 (VP)

los de ustedes; ¡más altos que los cielos sobre la tierra!"[10]

Al analizar el capítulo cincuenta y cinco de Isaías, se puede apreciar que todo el capítulo es un llamado al arrepentimiento, una invitación para que el pueblo pecador volviera a Dios, quien promete ser amplio en perdonar y dar salvación y prosperidad. El sendero que el pueblo caminaba no era el que su Señor le había trazado. Esa era la situación del momento, pero no es la regla. El pecado había creado tan gran abismo entre los pensamientos de Dios y los de su pueblo. Pero no es así con sus hijos e hijas. Él ha puesto su confianza en nosotros y nos ha legado la tarea evangelizadora. El cristiano es guiado por el Espíritu Santo quién conoce lo profundo de Dios. Aquel abismo debe irse reduciendo día a día. Jesús dijo a sus discípulos: *"Ya no los llamaré siervos, porque el siervo no sabe lo que hace su amo. Los llamaré mis amigos, porque les he dado a conocer lo que mi Padre me ha dicho."*[11] El hecho de que los pensamientos divinos sean más altos que los nuestros, será siempre un desafío para el crecimiento y el conocimiento de nuestro Dios.

A través del Espíritu Santo, el Padre nos ha dado la mente de Cristo. De esta manera podemos caminar de la mano con nuestro Señor. El comprender esta verdad hará más fácil nuestro peregrinar en esta vida. Será consuelo y esperanza en nuestros momentos difíciles. ¿Pero será esto realmente importante para mí vida cristiana? Para nuestro diario caminar con Cristo esto ha de ser determinante. Lo entenderemos mejor si nos acercamos un poco más al texto bíblico. La palabra que se usa en el original griego para "mente" en este caso (1 Co.2:16) es

---

[10] Isaías 55:8-9

[11] Juan 15:15(VP)

"noús". Aparece unas 24 veces en el Nuevo Testamento y se traduce como "mente", "entendimiento" y "modo de pensar". Es vital para cada creyente renovar la manera de pensar, pues la Escritura dice en Proverbios 23:7: *"Porque cual es su pensamiento en su corazón, tal es él"...* Esto lo dice en cuanto al avaro, pero es aplicable a toda persona.

Es necesaria una renovación de la mente para no seguir viviendo conforme a nuestros antiguos patrones de conducta

No podemos seguir pensando igual con los antiguos valores y formas que teníamos antes de nuestra conversión. Es necesaria una renovación de la mente para no seguir viviendo conforme a nuestros antiguos patrones de conducta, sino que podamos comprobar y comprender la buena y agradable voluntad de Dios para nosotros. Recordemos que éramos enemigos de Dios, porque nuestra mente, es decir nuestro corazón, estaba en pecado. La Biblia lo dice así: *Ustedes antes eran extranjeros y enemigos de Dios en sus corazones, por las cosas malas que hacían.*[12]

Satanás mantiene en oscuridad el entendimiento del no creyente para que no vea ni crea la verdad del Evangelio. Así que al venir a Cristo necesitamos entregar al Espíritu Santo nuestras mentes para su renovación y que nos sea dada la mente de Cristo. Empezaremos entonces a conocerle profundamente pues nos es dada la capacidad de entender los asuntos espirituales. Es curioso que Jesucristo tuviera que abrir el entendimiento de los discípulos que halló camino a Emaús, para que éstos entendiesen las Escrituras.

---

[12] Colosenses 1:21 (HDH)

Frente a las divisiones que existían en la iglesia de Corinto, el apóstol Pablo les hace un ferviente llamado a la unidad; esto lo encontramos en el capítulo uno y desde el verso diez en adelante. Es de singular interés la expresión *"perfectamente unidos en una misma mente (noús) y en un mismo parecer"*. Lo que se desprende del contexto es que al estar *"perfectamente unidos"*, es decir,

tener la misma mente o entendimiento, los conflictos se reducen al mínimo o desaparecen. Y es que vemos y entenderemos espiritualmente y no a través de nuestra mente carnal, que es egoísta, mezquina, ególatra, sino por el contrario, pensamos a la manera de Dios. Pero cuidado, no es que nuestros pensamientos deban coincidir todo el tiempo. Esto nos convertiría peligrosamente en personas idénticas, sin opiniones y el Padre nos creó con esa rara y particular individualidad que nunca debemos perder. ¿Es entonces imposible la solicitud paulina? No. Se hace una auténtica realidad mediante la mente de Cristo en cada creyente. Pablo, discutiendo el tema de los débiles en la fe, los que comen de todo y los que se abstienen de comer ciertas cosas, los que guardan ciertos días y aquellos que no lo hacen, los invita a que cada uno esté convencido en su mente del por qué lo hace y nos exhorta a no juzgar al hermano que no cree como nosotros. Y exclama: *"Bienaventurado el que no se condena a sí mismo en lo que aprueba"*.[13] Como podemos ver, mantenemos nuestra individualidad pero podemos estar unidos mediante la mente de Cristo en nosotros.

En la carta a los Romanos el apóstol Pablo nos dice:

> *"No vivan ya según los criterios del tiempo presente; al contrario, cambien su manera de pensar para que así cambie su manera de vivir y lleguen a conocer la voluntad de Dios, es decir, lo*

[13] Romanos 14:22

que es bueno, lo que es grato, lo que es perfecto."[14]

Al renovar nuestro entendimiento, es decir, cambiar nuestra manera de pensar, cambiará nuestra manera de vivir y podremos llegar a conocer la voluntad de Dios, que es buena, agradable y perfecta. El llamado bíblico es a dejar de conformarnos al presente mundo malo y renovar la mente. La Biblia dice que teníamos una mente, o entendimiento *"entenebrecido"*, oscurecido, apagado, en oscuridad y no podíamos ver la verdad del evangelio. Era una mente al estilo y conforme a la persona que vive sin Dios. Estamos influidos por Satanás, por el mundo y por nuestras propias bajezas. En nuestras mentes no agradábamos al Señor. Éramos mentalmente prisioneros y cautivos de diversas pasiones, malas costumbres, muchas ideas preconcebidas y actitudes pecaminosas. Aquello que la Palabra llama *"trapo de inmundicia"* o trapo sucio, eso era nuestra mente. De allí que se nos ordene a ya no seguir los lineamientos y costumbres que antes teníamos.

Escuché al pastor Carmelo Terranova decir que la Biblia usa indistintamente los términos *"mente"* y *"corazón"*, y que en ocasiones los separa, definiendo uno como el asiento de los conocimientos y el otro como la sede de las emociones y sentimientos. Jesús dijo:

> *Porque de adentro, del corazón humano, salen los malos pensamientos, la inmoralidad sexual, los robos, los homicidios, los adulterios la avaricia, la maldad, el engaño, el libertinaje, la envidia, la calumnia, la arrogancia y la necedad* [15]

---

[14] Romanos 12:2 (VP)

[15] Marcos 7:21-22 (NVI)

¿Se ve usted ahí? ¿Podremos servir adecuadamente a nuestro Señor con una mente así? ¡De ninguna manera! Necesitemos hoy mismo, renovar nuestra mente.

El mandato de renovarla está dado en voz pasiva, esto es que es otro quién lo hace, sin embargo nosotros tenemos que poner toda nuestra voluntad. Es el Espíritu Santo quién puede renovar nuestra mente, pero somos nosotros quienes se las entrego para que lo haga. El texto no indica que es una nueva mente la que recibimos, sino que la mente sufre una transformación. La palabra real sería *"metamorfosis"*. Nuestra mente es vista como una fea oruga que sólo puede arrastrarse, pero que en el poder del Espíritu Santo puede convertirse en una hermosa mariposa que conquista las flores volando sobre ellas. ¿Es su mente una fea oruga o una radiante mariposa?

Para que la oruga llegue a ser mariposa tiene que someterse a un proceso de cambio largo y difícil. No es fácil, pero es el único camino. Así mismo pasa con nosotros ¿Cómo ocurre esta renovación? Esta se da cuando deliberadamente sometemos nuestra mente al control del Espíritu Santo y le damos permiso para que rompa los moldes mentales que nos hemos hecho. Con el paso de los años nos hemos ido conformando a modelos o moldes, impuestos o adquiridos, que van determinando nuestra forma de actuar. Necesitamos romper esos moldes.
Aunque pueden existir muchos moldes, me limitaré a mencionar sólo tres:

Moldes Culturales.
La cultura nos impone formas y maneras de pensar. Somos producto de una amalgama de tradiciones, costumbres y creencias que nos condicionan a creer y actuar de una manera determinada. Cada uno tiene ese

bagaje, ese trasfondo propio del lugar donde nacimos o nos criamos. La cultura, con toda su riqueza, tiene que ser pasada por el cedazo bíblico y no lo contrario. Un ejemplo sencillo es la puntualidad. Culturalmente los hispanos somos impuntuales. Sí, existe quienes son puntuales en nuestra cultura, pero en su mayoría nos cuesta trabajo llegar a tiempo. El machismo es otra desagradable herencia. Miramos con inferioridad a la mujer; la mayoría de los hombres desean hijos varones. Además, tendemos a valorar la hombría por la cantidad de mujeres que tenga el "macho".

Se pueden apreciar moldes culturales en la flojeras de los individuos frente al trabajo, en el irrespeto a las leyes y a la propiedad privada. En la falta de principios y la bajos estándares morales. El molde de la corrupción parece estar en el ADN de muchos de nuestros pueblos. Ningún molde cultural, por fijo que se encuentre en la cultura, debe ser mantenido si entra en conflicto con las ordenanzas biblícas.

Moldes Familiares.

En algunas familias hay tradición de infidelidad, o divorcios o vicios. En algunos casos hasta se espera que los hijos se comporten como lo han hecho los padres en esos casos. Conozco una familia donde la mayoría de los varones son infieles. Mencionar el nombre de esa familia es sinónimo de infidelidad. Por eso entre ellos es raro cuando un varón de la familia sólo tiene una mujer. Y qué decir de los resabios o conductas impropias que tratamos de justificar diciendo: "eso lo heredé de mi padre", o "los Villa somos así". Esas expresiones son en verdad fallidos intentos de adornar conductas que sabemos inapropiadas y que deseamos perpetuar en nuestro comportamiento. Bien vale preguntarnos ¿y qué hemos heredado de nuestro

Padre celestial? El llamado bíblico es a dejar en el pasado nuestra antigua forma de vivir para dar paso a la nueva vida en Cristo, tal y como hemos aprendido que El y como nos guía el Espíritu Santo.

Moldes Personales.

Cuando la persona se aferra a su manera de ser, pensando que no puede cambiar y dice: "es que así soy yo", "así me criaron". Es necesario recordar que en Jesucristo somos nuevas personas. No podemos manejar nuestra vida con los valores de este mundo. Esta es una sociedad hedonista y narcisista y no podemos jugar su mismo juego. Necesitamos proclamar a Jesús Señor de nuestra mente y traer cada pensamiento cautivo a Cristo. Cuando venga un pensamiento de esos que usted sabe no es de agrado a Dios, diga: "Señor aquí tienes este pensamiento, destrúyelo, Tú eres el Señor de mi mente."

Sólo una mente renovada y en sintonía con Dios puede discernir lo que el Señor desea de nosotros en cada circunstancia. Sólo una mente renovada puede romper las ataduras del sexo, las drogas, la pornografía, el juego de azar o la mentira. Jesús pone su mente en nosotros y aprendemos a pensar ya no desde nuestros reducidos marcos, sino con los valores del reino. Sólo así puede el Espíritu Santo conducirnos según Cristo, logrando alcanzar un nuevo paradigma de fe y conducta. Tratar de vivir la vida cristiana solamente con un simple entendimiento humano de nuestra fe en Cristo nos convierte fácilmente en bombas de tiempo, en marineros de agua dulce o soldaditos de chocolate, es decir creyentes débiles y sin compromiso. Personas que no toleran ni sobrellevan la debilidad de su hermano por pequeña que ésta sea. Discípulos y discípulas que no entienden a su Maestro, por lo tanto, no pueden vivir sus postulados. Necesitamos morir al yo para que Cristo viva su vida en nosotros dándonos sus pensamientos.

Se trata de vivir la vida, o mejor dicho, morir la muerte que el Señor nos pide

En nuestro interior se libra la batalla entre el deseo de la carne y el del Espíritu, los cuales combaten entre sí, como nos dice Pablo. Esa lucha se produce en nuestro "cuarto de mando" que es la mente. Allí se decidirá si nuestras decisiones diarias serán tomadas conforme a la carne, o conforme al Espíritu. Si razonaremos con nuestra débil mente, o con la mente de Cristo. Se batalla entre lo natural y lo sobrenatural; lo lógico y lo ilógico, según la finita mente humana. Todo dependerá de que podamos mirar por dónde Dios nos invita a mirar, para que podamos correr esta carrera despojándonos de las raíces de amargura, de las rivalidades, los celos y las competencias. Se trata de vivir la vida, o mejor dicho, morir la muerte que el Señor nos pide.

En Efesios 4:22-24 se nos enseña que debemos despojarnos, quitarnos el ropaje viejo y sucio que tenemos, como quien se da un baño y se pone ropa limpia. Exactamente dice así:

> *Con respecto a la vida que antes llevaban, se les enseñó que debían quitarse el ropaje de la vieja naturaleza, la cual está corrompida por los deseos engañosos; ser renovados en la actitud de su mente; y ponerse el ropaje de la nueva naturaleza, creada a imagen de Dios, en verdadera justicia y santidad.*

¿Se pondría de nuevo la ropa sucia y sudada después de darse un rico y refrescante baño? Tampoco lo hagamos espiritualmente.

<u>EVALUACIÓN</u>

Por favor llenar esta evaluación y enviarla por correo electrónico a lmotta@famillylife.com
Gracias.

En una escala de 1 a 5, siendo 1=pobre; 2=regular; 3=Bueno; 4=muy bueno; y 5=excelente, evalúe el seminario en las siguientes áreas, marcando con una X la casilla correspondiente:					
ÁREA A EVALUAR DEL SEMINARIO	1	2	3	4	5
Contenido					✓
Presentadores					✓
Horario					✓
Proyectos de aplicación					✓
El seminario en general					✓

¿Qué impacto tuvo el seminario en su matrimonio?

Muy grando Con la palabra do Dios

¿Qué resoluciones tomó como resultado del seminario?

○ Invité a Cristo a mi corazón

○ Decidí empezar un tiempo devocional de oración y lectura bíblica

○ Decidí empezar un tiempo devocional como familia

○ Decidí practicar "la regla de oro de la comunicación"

○ Decidí fortalecer mi matrimonio para llegar a ser "un matrimonio sólido"

● Decidí empezar a construir un legado espiritual para la siguiente generación

○ Otro ______________________

Nombre: Gustavo Juarez Cónyuge: Cheyanne Juarez

Correo electrónico: bluecoan1724@gmail.com
(por favor escríbalo con claridad)

EVALUACIÓN

Por favor llenar esta evaluación y enviarla por correo electrónico a lmotta@famillylife.com
Gracias.

En una escala de 1 a 5, siendo 1=pobre; 2=regular; 3=Bueno; 4=muy bueno; y 5=excelente, evalúe el seminario en las siguientes áreas, marcando con una X la casilla correspondiente:					
ÁREA A EVALUAR DEL SEMINARIO	1	2	3	4	5
Contenido					
Presentadores					
Horario					
Proyectos de aplicación					
El seminario en general					
¿Qué impacto tuvo el seminario en su matrimonio?					

¿Qué resoluciones tomó como resultado del seminario?

○ Invité a Cristo a mi corazón

○ Decidí empezar un tiempo devocional de oración y lectura bíblica

○ Decidí empezar un tiempo devocional como familia

○ Decidí practicar "la regla de oro de la comunicación"

○ Decidí fortalecer mi matrimonio para llegar a ser "un matrimonio sólido"

○ Decidí empezar a construir un legado espiritual para la siguiente generación

○ Otro ____________________

Nombre: ____________________ Cónyuge ____________________

Correo electrónico: ____________________
(por favor escríbalo con claridad)

Capítulo II

EL METODO DE DIOS

"Sabemos que Dios dispone todas las cosas para el bien de quienes le aman"
(Romanos 8:28a. VP)

¿Conoce usted la historia del hombre y de la mariposa? Dice así:

Un hombre encontró el capullo de una mariposa y lo llevo a su casa para poder verla cuando saliera del mismo. Un día se percató que el capullo tenía un agujero y entonces se sentó a mirar por varias horas. Observó que la mariposa se esforzaba por hacerlo más grande y poder salir. El hombre vio que luchaba duramente para poder pasar su cuerpo a través del pequeño orificio, hasta que llego un momento en el que pareció haber cesado de tratar, pues aparentemente no progresaba en su intento. Pareció que se había atascado.

Entonces el hombre, en su bondad, decidió ayudar a la mariposa y con una pequeña tijera cortó un lado del agujero para hacerlo más grande y de este modo la mariposa pudo salir del capullo. Sin embargo, al salir tenía el cuerpo muy hinchado y sus alas pequeñas y dobladas.

El hombre continuó observando, pues esperaba que en cualquier momento las alas se desdoblarían y crecerían lo suficiente para soportar el cuerpo, el cual se contraería al reducirse la hinchazón que tenía. Pero nada pasó y la mariposa solamente podía arrastrarse en círculos con su cuerpecito hinchado y sus alas dobladas. Nunca pudo llegar a volar. Lo que el hombre en su bondad y apuro no entendió, fue que la restricción de la apertura del capullo y la lucha requerida por la mariposa para salir por el diminuto agujero, era la forma en que la naturaleza forzaba los fluidos del cuerpo de la mariposa hacia sus alas, para que estuviesen grandes y fuertes y luego pudiese volar. La libertad y el volar solamente podrán llegar luego del esfuerzo. Al privar a la mariposa de la lucha, también fue privada de su posibilidad de volar.

Algunas veces los conflictos y las luchas son necesarios en la vida. Si Dios nos permitiese pasar por la vida sin obstáculos, nos convertiríamos en inválidos. No podríamos crecer y ser tan fuertes como podríamos haberlo sido. Cuántas veces hemos querido tomar el camino corto para salir de las dificultades, tomando esas tijeras y recortando el esfuerzo para poder ser libres. Necesitamos recordar que nunca recibimos más de lo que podemos soportar, y que a través de nuestros esfuerzos y caídas, somos fortalecidos, así como el oro es refinado a través del fuego. Este, sin duda, es el método de Dios.

Esta historia la recibí en el correo electrónico, de autor anónimo y me pareció adecuada para ilustrar el concepto que trata esta sesión. Dios tiene un método de obrar: la sorpresa; en la mayoría de los casos, lo inaudito.
¿Podemos llegar a conocer más al Señor? ¿Comprender sus actitudes y métodos de obrar? Tal vez la respuesta que nos ronda es un enfático y rotundo no. Pero encontramos

en la Biblia a un Dios que desea ser conocido. Él se nos ha revelado y anhela la mejor de las relaciones con nosotros. Cuando aceptamos a Jesucristo como nuestro personal Salvador, recibimos la divina adopción como hijos e hijas de Dios. El Espíritu Santo vino a morar en nuestras vidas y puso en nosotros la mente de Cristo. El Señor se ha dado a conocer, ¡qué bueno es saberlo! El apóstol Pablo dice que hemos recibido "*el Espíritu que proviene de Dios para que seamos todo lo que Dios nos ha concedido*".[16]

Al recibir la mente de Cristo conocemos más y mejor a nuestro Padre, y aprendemos que nuestro Señor actúa no de acuerdo a nuestra humana lógica. Él obra usando métodos que nos dejan asombrados. Le escuche decir al Dr. Kenn W. Opperman (Misionero de Alianza Cristiana y Misionera), que *"Dios usa gente que él no usaría y llama gente que él no llamaría"*. Coincido en pleno con esta expresión. El Señor tiene sus métodos para obrar y a menudo nos sorprende. A través del conocimiento y entendimiento que nos da la mente de Cristo en nosotros, llegamos a comprender que Dios obrará de la manera y estilo que Él crea conveniente, sin que nosotros podemos encasillarlo. Conocerlo es estar consciente de todos sus recursos, de su soberano poder y de sus ilimitadas posibilidades. La Biblia nos muestra la multiforme sabiduría de Dios en esto. Veamos algunos casos:

José, su sueño y su realidad

El capítulo 37 de Génesis nos narra cómo se inician los problemas entre José y sus hermanos y cómo estos últimos terminan vendiéndolo como esclavo. Nos declara la Biblia que Israel amaba a José más que a sus hermanos porque lo tuvo en su vejez, esto causó fricción entre ellos. José soñó en dos ocasiones

---

[16] 1 Corintios 2:12

y relató sus sueños a sus hermanos. Él les dijo: *Soñé que todos nosotros estábamos en el campo, haciendo manojo de trigo; de pronto mi manojo se levantó y quedó derecho, pero los manojos de ustedes se pusieron alrededor del mío y le hicieron reverencias. Entonces sus hermanos contestaron: -¿Quieres decir que tú vas a ser nuestro rey, y que nos vas a dominar? Y lo odiaron todavía más por sus sueños y por la forma en que los contaba. Después José tuvo otro sueño, que también les contó a sus hermanos. Les dijo: -¿Saben que tuve otro sueño, en el que veía que el sol, la luna y onceestrellas me hacían reverencia? Cuando José contó este sueño a su padre y a sus hermanos, su padre le reprendió y le dijo: -¿Qué quieres decir con este sueño que tuviste? ¿Acaso tu madre, tus hermanos y yo tendremos que hacerte reverencias? Y sus hermanos le tenían envidia, pero su padre pensaba mucho en este asunto.*[17]

El odio y la raíz de amargura que había en el corazón de los hermanos de José, les llevó a la decisión de deshacerse de él tan pronto tuvieran oportunidad. Y para no derramar su propia sangre, ya que eran hermanos, decidieron venderlo por veinte piezas de plata a los mercaderes ismaelitas que pasaban por aquel lugar y que iban rumbo a Egipto.

Este hecho lo podemos enmarcar entre los más bajos y despreciables de los que narra la Biblia. Un joven de unos diecisiete años vendido como esclavo por sus propios hermanos. Ya en Egipto, las dificultades y vicisitudes que José tuvo que enfrentar fueron muchas, pero a pesar de la calumnia de la esposa de Potifar, (quién lo acusó

---

[17] Génesis 37:6-11

injustamente de intento de violación), a pesar de los años de cárcel y aún del olvido del copero del rey, (quién prometió ayudarlo) Dios estaba con José y le preparaba para la obra mayúscula que le había reservado. Sin duda alguna el Señor le guió hasta la casa de faraón y le dio la interpretación del sueño sobre las vacas gordas y las vacas flacas que no eran más que siete años de gran prosperidad y producción, y siete años de una gran hambre. Así Dios, por medio del faraón, hizo de José el segundo hombre en todo Egipto. De este modo, proveyó alimento para su pueblo Israel, y también hizo que los israelitas entraran en Egipto, donde luego serían esclavos, tal y como Él lo había señalado a Abraham, bisabuelo de José cuando le dijo: *"Ten por cierto que tu descendencia morará en tierra ajena, y será esclava allí, y será oprimida cuatrocientos años."*[18]

Aquella profecía se cumplió tal y como paso con los sueños de José, pues sus hermanos vinieron a Egipto en busca de alimento y se postraron ante él, aunque sin reconocerlo. Un hecho tan ruin y vergonzoso como la venta de un hermano, lo utilizó el Señor para salvar vidas y cumplir todo su propósito. ¿Cómo es posible esto? Bueno Él lo hace. Estas fueron las palabras de José a sus hermanos: *"Ustedes pensaron hacerme mal, pero Dios cambió ese mal en bien para hacer lo que hoy vemos: para salvar la vida de mucha gente."*[19]

La certeza del cuidado divino sobre José, le permitió no llenarse de amargura y rencor contra sus hermanos, contra la sociedad y contra Dios mismo.

[18] Génesis 15:13

[19] Génesis 50:20

Los planes divinos se realizaron usando aún este acto producto del odio y el rencor. Pero resaltemos que Dios tenía un plan, porque ¿acaso no tuvo José sus sueños antes de ser vendido? ¿Quién puso esos sueños en José? ¿Quién dio a José la interpretación de los sueños del faraón? y ¿quién envió aquellos años de abundancia y de hambre? El Señor, es la respuesta.

La certeza y la seguridad del cuidado divino sobre José, le permitió, aún a través de su tribulación, no llenarse de amargura y rencor contra sus hermanos, contra la sociedad y contra Dios mismo. José sabía que el Señor usaría su mal para bendecirlo. Ese entendimiento llega hoy a nosotros a través de la mente de Cristo. Cuando José vio a sus hermanos, cuando los tuvo frente a él, tenía todo el poder para vengarse y ajustar cuentas con ellos (tal como era el temor de sus hermanos), sin embargo, en su corazón no había resentimiento pues todo su sufrir había sido el método de Dios para usarle. José dijo a sus hermanos:

> *Yo soy su hermano José, el que ustedes vendieron a Egipto; pero, por favor, no se aflijan ni se enojen con ustedes mismos por haberme vendido, pues, Dios me mandó antes que a ustedes para salvar vidas... Dios me envió antes que a ustedes para hacer que les queden descendientes sobre la tierra, y para salvarles la vida de una manera extraordinaria. Así que fue Dios quién me mandó a este lugar, y no ustedes; Él me ha puesto como consejero del faraón y amo de su casa, y como gobernador de todo Egipto.*[20]

¡Qué maravilloso! ¿Quién hace esto? Lo hace el Espíritu Santo dándonos un entendimiento y una seguridad más

---

[20] Génesis 45:5, 7-8

allá de lo normal. Esto nos hace ver quién en verdad es nuestro enemigo. Nos permite comprender claramente que nuestra lucha, no es "contra carne y sangre", es decir, no es contra los seres humanos sino contra el enemigo de nuestras almas.

Cuando no llegamos a comprender los métodos de Dios, nuestra vida tiende a llenarse de tristeza, e ira y crecen en nuestra alma raíces de amargura que nos irán cortando el paso, robándonos el gozo y al final nos postrarán en el camino. Cuántas dificultades, dolores, contiendas y divisiones se evitaría la iglesia del Señor si cada creyente razonara con la mente de Cristo. Mediante ésta, podemos apropiarnos confiadamente de la enseñanza bíblica que nos dice: *"Sabemos que Dios dispone todas las cosas para el bien de quienes le aman, a los cuales él ha llamado de acuerdo con su propósito".*[21]

Elíseo y Naamán

He aquí el encuentro de dos grandes hombres, uno al servicio del Altísimo, el otro al servicio del rey de Siria; Elíseo el "varón de Dios" y el general Naamán. La historia bíblica nos cuenta que Naamán, general del ejército de Siria, era un hombre "valeroso en extremo" y que había traído gloria a su pueblo, pero este laureado héroe sirio era leproso. Al enterarse Naamán de que en Israel podía conseguir sanidad, hizo el viaje y después de algunos inconvenientes se encontraba delante de la casa que habitaba el profeta Elíseo.

Recordemos que el general Naamán viajó con una gran comitiva trayendo presentes y obsequios para el profeta y una carta de su rey, para el rey de Israel. Para el general Naamán debieron ser momentos de gran tensión y

[21] Romanos 8:28 (VP)

nerviosismo. Aquella lepra era su gran mal y el único punto oscuro en la vida del brillante hombre de armas. El ya se había imaginado la escena, la repitió varias veces en su mente, el profeta habría de recibirlo, impondría sus manos sobre su manchado cuerpo, clamaría a Dios

y sería sano. Pero las cosas no sucedieron así. El profeta ni siquiera salió a recibirlo, sino que con su criado le envió el siguiente mensaje: *"Vé y lávate siete veces en el Jordán; y tu carne se te restaurará, y serás limpio".*[22]

A simple vista esto parece un acto de descortesía del profeta hacia Naamán, pero fue el Señor quien instruyó a Eliseo sobre qué hacer. Aquello fue demasiado para el orgulloso general Naamán quién se retiró enojado, pues la manera que el profeta le señaló para que se cumpliera su deseo de sanarse no fue una que él consideraba digna de su posición. ¡Qué cosa! No se le estaba negando la salud pero el general deseaba que Dios se sometiera a sus caprichos, que actuara según el esquema que tenía en su mente, de lo contrario, prefería no sanar.

La mente de Cristo nos llevará a entender que Él actúa en formas que desafían nuestros sentidos y sobrepasan nuestra lógica

Es importante señalar aquí que al general Naamán no le faltaba fe, sino que ya había dispuesto en su mente la manera en que el profeta debía de comportarse, tal vez por su alta investidura. Fue sólo por la rápida intervención de sus criados, los cuales hicieron que el general entrara en razón; finalmente Naamán fue al río, lo hizo lo que se le dijo y quedo limpio.

22 2 Reyes 5:10-11

Como podemos ver, los métodos o las maneras en que el Señor actúa pueden ser muy distintos a lo que hemos pensado. En ocasiones intentamos darle ideas de cómo puede hacer lo que esperamos que Él haga, pero Él siempre nos sorprende porque es una fuente inagotable de posibilidades. En muchas ocasiones nosotros también hemos tratado, conscientes o inconscientemente, de encasillar a Dios conforme a nuestros mezquinos deseos o formas. La mente de Cristo en nosotros nos llevará a entender cabalmente que Él se manifiesta y actúa en formas que desafían nuestros sentidos y sobrepasan nuestra lógica y nuestra comprensión. Deje que el Señor obre en su vida tal y como Él tenga a bien hacerlo. Sólo necesitamos creer que Dios actuará, el cómo lo hará es cosa suya.

La Cruz Como Plan De Dios

Muchos se han preguntado cómo pudo Dios permitir que su Hijo muriera en una cruz. Jamás han aceptado que este hecho estuviera en los planes de Dios y se presenta la muerte de Jesús en la cruz como un mal que tuvo lugar en su camino, debido al celo de los líderes religiosos de entonces. Se necesita más fe para aceptar esto, que para simplemente creer lo que el mismo Señor dijo, que su muerte en la cruz era el plan divino para redimirnos de nuestros pecados. Jesús enseñó: *"Y como Moisés levantó la serpiente en el desierto, así es necesario que el Hijo del Hombre sea levantado, para que todo aquél que en él cree, no se pierda, más tenga vida eterna."*[23]

Los propios discípulos, a pesar de que Jesús se los advirtió, se confundieron y no podían comprender cómo le había sucedido algo así a su Maestro. Esa confusión era el producto de su humano razonamiento. Cleofás,

[23] Juan 3:15

camino a Emaús, le explicaba al propio Cristo resucitado y le decía: *"...y como le entregaron los principales sacerdotes y nuestros gobernantes a sentencia de muerte, y le crucificaron. Pero nosotros esperábamos que él era el que había de redimir a Israel".*[24] En el estado anímico en que se encontraban, estos discípulos no podían ni siquiera recordar que él les había dicho que todas esas cosas le iban a acontecer.

Nuestro humano razonamiento nos despoja de la fe impidiéndonos ver la luz que el Espíritu Santo desea darnos; siendo hijos de la luz, caminamos a tientas, y como dijo el poeta, "morimos de sed, frente a la fuente". El pueblo de Israel, no comprendió o no vio la crucifixión como plan de Dios y lo juzgó mal. Isaías profetizó este hecho cuando dijo: *"Ciertamente llevó él nuestras enfermedades, y sufrió nuestros dolores; y nosotros le tuvimos por azotado, por herido de Dios y abatido. Mas él herido fue por nuestras rebeliones, molido por nuestros pecados; el castigo de nuestra paz fue sobre él, y por su llaga fuimos nosotros curados.*[25]

El pueblo vio aquella crucifixión como castigo, como la vara de Dios sobre Jesús. Los judíos confundieron la cruz de Cristo con la vara de Dios. Pero nosotros sabemos que lejos de ser el castigo divino sobre un hombre, era el canal de bendición para redimir toda la raza humana. Cuando los discípulos vieron a su Señor resucitado y Él les explicó nuevamente la Palabra, se gozaron en todo lo que había sido divinamente dispuesto. Ese mismo gozo embarga nuestros corazones cuando entendemos el gran sacrificio de Cristo en la cruz y el eterno amor del Padre por el pecador. La presencia de la paz y el

---

[24] Lucas 24:20-21

[25] Isaías 53:4-5

gozo, sea cual fuere la situación que nos toque vivir, es una evidencia de que actuamos bajo la mente de Cristo.

Si el Apóstol Pablo no logra entender que el aguijón en su carne era parte del plan de Dios (aunque difícil de entender) para su propio beneficio, no hubiese podido llevar a cabo su ministerio. Pero al entenderlo, dijo que se gozaba en todo tipo de dificultad, pues comprendió que su Señor sabía lo que estaba haciendo.[26] Cuando no somos capaces de tomar una actitud similar a la del apóstol Pablo y abandonarnos en Dios, conscientes de que Él desea lo mejor para nosotros, y sabe lo que hace, nos amargamos y nos vemos involucrados en fricciones y conflictos. Pero lo peor de esa actitud es que El Señor no puede usarnos como quisiera. Ese entendimiento, que podríamos llamar sabiduría, es lo que trae a nosotros la mente de Cristo. A ésta sabiduría hace mención Santiago cuando dice:

> *Si entre ustedes hay alguno sabio y entendido, que lo demuestre con su buena conducta, con la humildad que su sabiduría le da. Pero si ustedes dejan que la envidia les amargue el corazón, y hacen las cosas por rivalidad, entonces no tienen de qué enorgullecerse y están faltando a la verdad. Porque esta sabiduría no es la que viene de Dios, sino que es sabiduría de este mundo, de la mente humana y del diablo mismo. Donde hay envidias y rivalidades, hay también desorden y toda clase de maldad; pero los que tienen la sabiduría que viene de Dios, llevan ante todo una vida pura; y además son pacíficos, bondadosos y dóciles. Son también compasivos, imparciales y sinceros, y hacen el bien. Y los que procuran la paz, siembran en paz para recoger como fruto la justicia.*[27]

[26] 2 Corintios 12:10

[27] Santiago 3.13-18

¡Cuánta falta nos hace caminar bajo el influjo de la mente de Cristo! Necesitamos entregar nuestras mentes al poder del Espíritu Santo para ir más allá del reducido y limitado entendimiento humano y caminar de triunfo en triunfo. Podremos, entonces, vivir la experiencia del profeta Isaías cuando el Señor le dijo: *No temas, yo te he redimido; te he llamado por tu nombre; tú eres mío. Cuando cruces las aguas, yo estaré contigo; cuando cruces los ríos, no te cubrirán las aguas; cuando camines por el fuego, no te quemarás ni te abrasarán las llamas.*[28]

---

[28] Isaías 43:1-2

CAPÍTULO III

LA PROTECCION Y DIOS

"Dios es nuestro amparo y fortaleza, nuestro pronto auxilio en las tribulaciones. Por tanto, no temeremos, aunque la tierra sea removida y se traspasen los montes al corazón del mar;"
Salmo 46.1-2

¿Ha oído usted hablar de Jacobo? ¿Sí, de Jacobo? Fue un hombre extraordinario. Pescador de oficio, vivió en una de las épocas más fabulosas de la historia de la humanidad. En una mañana en la que se encontraba reparando las redes de pescar junto a su padre Zebedeo y su hermano Juan, Jesús de Nazaret le llamó junto a su hermano y los unió a su pequeño grupo de discípulos, para convertirlos luego en los apóstoles enviados a evangelizar al mundo en nombre de su Maestro. De hecho, al llamarlos les puso por sobrenombre "*Boanarges, Hijos del trueno*".[29]

Jacobo, su hermano Juan y Pedro, formaron lo que se conoce como el pequeño círculo de amistad de Jesús. Recordemos que Él llegó a tener unos setenta discípulos, a los cuales los envió a predicar de dos en dos. Dentro de los setenta tenía un grupo más pequeño, los doce, con quienes pasaba más tiempo, realmente compartió con ellos su vida enseñándoles y modelándoles sus principios de fe.

Pero aún dentro de aquellos doce había ese grupo íntimo y reducido. Eran Jacobo, Juan su hermano y Pedro.

[29] Marcos 3:17

Éstos fueron llamados por Jesús para acompañarles en momentos claves y sensibles de su ministerio. Estuvieron con Él en los momentos extraordinarios de la transfiguración de Jesucristo, así como en su angustiosa lucha de Getsemaní. Fueron, además, los únicos que permanecieron con el Maestro cuando oraron para resucitar a la hija de Jairo. En cada uno de estos episodios de la vida del Salvador, estuvo Jacobo; él fue un amigo inseparable.

Estos dos hermanos protagonizan dos incidentes dignos de mencionar. El primero fue cuando camino a Jerusalén Jesús y sus discípulos se disponían a buscar alojamiento en una ciudad de samaritanos pero allí no quisieron recibirles, Jacobo y Juan se enojaron por la actitud de los residentes de aquel pueblo y dijeron al Maestro: *"Señor, ¿quieres que ordenemos que baje fuego del cielo , y que acabe con ellos?"*[30] Jesús les reprende sin permitirles realizar lo solicitado. Pero tal era el celo y el amor de estos hombres por el Mesías.

El segundo caso donde también fueron reprendidos fue por la osadía de estos hermanos, aparentemente acompañados por su madre, de solicitar al Señor ocupar los lugares de más importancia a su lado en el trono celestial. Con todo lo reprochable que pudieron ser ambos incidentes, demuestran por demás, como ya se ha dicho, el amor, la fe, y la confianza inquebrantable de estos hombres en cada promesa de su Maestro.

Preguntémonos entonces, ¿siendo Jacobo como era, con un compromiso tan firme, con una entrega tan absoluta, ¿por qué permitió el Señor que muriera tan temprano en la historia de la iglesia? Podríamos contestar diciendo que precisamente por eso Jesús le permite tomar de su

[30] Lucas 9:54

cáliz, porque estaba preparado y dispuesto para hacerlo. Jacobo, junto a Esteban, se convierte en uno de los primeros mártires de la iglesia. Herodes mandó a matar a Jacobo y luego apresó a Pedro. Aunque este último fue liberado milagrosamente, el primero fue sacrificado.[31]Al apóstol Pedro el Señor le permitió vivir para Él, mientras al apóstol Jacobo le concedió morir por Él. En ambos, su protección estuvo presente. En ambos casos su nombre fue glorificado. ¿Podemos entenderlo?

Es extraordinaria la confianza que manifiesta el salmista David al proclamar al Señor como su amparo y fortaleza, tal como está citado al principio del capítulo. Al amparo de Dios él se siente confiado y plenamente seguro. No teme a las tribulaciones o los malos momentos, vengan éstos de personas o de la naturaleza.
¿Cuáles circunstancias le infunden miedo a usted? Con frecuencia la soledad, la oscuridad, la cercanía de un desconocido, la manifestación de un fenómeno de la naturaleza (terremoto, huracán, etc.) son algunas de las causas de nuestro temor. A esto se le suma la angustiante presencia de la ansiedad, que aunque también implica miedo, es interna. Como diriía L. Graner, es *temor sin la presencia de causas justificadas.*[32]

Nos sentimos protegidos si tenemos compañía; si estamos en una casa "segura", si tenemos un perro guardián o si podemos contar con algún tipo de arma que nos pueda servir para defendernos. Estos sentimientos son muy humanos. Pero cuando entendemos que somos propiedad de Dios y que Él es nuestro refugio, la actitud que tomamos, así como los sentimientos que experimentamos frente a las circunstancias mencionadas, deben cambiar.

---

[31] Hechos 12:1-10

[32] Raymond L. Craner, La Psicología de Jesús y la salud mental, 18

Existe una leyenda sobre un interesante concurso de pintura; la misma es de un autor desconocido y dice así:

> *Se abrió un concurso sobre el tema pictórico "La Paz". Fueron presentados diversos cuadros, representando uno, una mañana apacible, otro; una silenciosa puesta de sol; y otros temas similares. Sin embargo, el premio fue otorgado a un cuadro que representaba una furiosa catarata que precipitándose en un acantilado de rocas levantaba densas nubes de espuma y vapor; pero en la rama de un árbol que se extendía por encima de la hirviente catarata un petirrojo había construido su nido y gorjeaba alegremente.*
>
> *Ciertamente, el mejor concepto de paz es la que puede obtenerse y gozarse, no en circunstancias favorables, sino en medio del ruido y la tempestad. El petirrojo se hallaba posado en una rama que tenía su raíz en la roca y se extendía por encima de la hirviente humareda de la catarata. En aquellas alturas nada podía ocurrirle. Así debería ser la paz de los que han puesto su confianza en el Dios de los cielos.*

¿Tenemos los y las creyentes tal confianza? Resulta hasta contradictorio preguntar si un *creyente* tiene confianza. El Espíritu Santo al darnos la mente de Cristo nos hace comprender que todo afán y ansiedad lo podemos depositar en Jesús y que todo lo que pueda ocurrir nuestro Señor sabrá usarlo de alguna forma o manera para bendecirnos. En el salmo 127.1b encontramos al salmista diciendo: "*si el Señor no protege la ciudad, de nada sirve que vigilen los centinelas.*"

No importa que un poderoso ejército acampe a nuestro lado, ya sea para defendernos o ya para atacarnos, Dios obrará su voluntad para con nosotros. (Esa voluntad divina no irá necesariamente de acuerdo con nuestros planes o deseos). La muestra la tenemos en la liberación de Pedro de la cárcel de Herodes, a pesar de que la guardia velaba . También en la confianza del profeta Elíseo al decirle a su asustado siervo que no temiera al ejército sirio que los sitiaba, *"porque más son los que están con nosotros que los que están con ellos."*[33] Esto lo decía el profeta hablando del ejercito de ángeles que sitiaban aquel lugar.

El rey David tuvo esta misma confianza y en el Salmo 27:3 nos dice: *"Aunque un ejército acampe contra mí, no temerá mi corazón; Aunque contra mí se levante guerra, Yo estaré confiado".*

Ahora bien, ¿qué produce en nosotros mayor seguridad, el tener un ejército listo para defendernos; o estar completamente solos, buscados por el mismo ejército, y armados sólo con el conocimiento de que el Señor nos protege? Con el fortalecimiento en nosotros de la mente de Cristo, cambiaremos los ejércitos para quedarnos con el Señor.

EL pastor David, supo que de la misma manera como él protegía y proveía para sus ovejas, Dios lo haría para él, y expresó:

> *El Señor es mi pastor; nada me falta. En verdes praderas me hace descansar, a las aguas tranquilas me conduce, me da nuevas fuerzas y me lleva por caminos rectos, haciendo honor a su nombre. Aunque pase por el* más oscuro de los valles, no temeré peligro alguno, porque tú, Señor, estás conmigo; tu vara y tu bastón me inspiran confianza.[34]

Hubo consonancia entre sus palabras y sus hechos pues en sus momentos de angustia perseguido por el

---

[33] 2 Reyes 6:16

[34] Salmo 23:1-4 (DHH)

rey Saúl, David supo confiar más en la voluntad y en los planes divinos para su vida, que en su espada. El concepto de confianza en Dios que poseemos en nuestra mente humana es muy limitado; y en la mayoría de los casos confiamos al Señor sólo aquellas cosas que, en un momento dado, nosotros no podemos hacer. Tratemos de ilustrarlo así, los padres oramos por protección para nuestros hijos, sobre todo cuando no están a nuestro lado, o cuando por alguna circunstancia no podemos proporcionarles ayuda directa. Oramos: *"Oh, Señor, protege a mi hijo, mira que ese camino es peligroso," "ayúdale a presentar con éxito ese examen;"* etc.

Mientras el hijo está fuera de la casa, nuestra oración es incesante. Pero tan pronto llega, se termina la súplica, ya está a nuestro alcance. En el inconsciente está la idea de que nosotros lo podemos proteger. Esta actitud no es mala y en nada reprochable, sólo que la intensidad de la intercesión debe ser siempre igual porque es Dios quién realmente los protege, aún por encima de lo que nosotros podamos hacer. Es nuestro deber interceder constantemente por nuestros hijos, estén o no a nuestro alcance.

Hace unos años salimos de nuestra casa durante unos cinco días para asistir a la convención anual de nuestra denominación. Vivíamos en una pequeña casa con muy poca protección. Mi esposa y yo estábamos recién casados y lo poco que poseíamos estaba en aquella apartada y solitaria casa. Durante toda la convención mantuve una insistente oración pidiendo al Señor que protegiera la casa. Durante algunas noches me desperté sobresaltado soñando que alguien entraba a la casa y robaba. Insistía entonces en la oración: *"Dios protege nuestra casa de los ladrones."* Al retornar a nuestro hogar, un domingo en la tarde, todo estaba cual lo habíamos dejado. Agradecimos al Padre por ello. En adelante nuestra oración por el cuidado de Dios sobre la casa menguó y además mi oración era más relajada, más tranquila, tal vez porque ya estábamos nosotros y nadie se atrevería a entrar en esas circunstancias. Sin embargo, durante la noche del martes siguiente, estando nosotros allí, alguien entró mientras dormíamos y se llevó hasta lo que estaba dentro del refrigerador. ¡Que ironía! Nos robaron, como se dice común mente, "*en nuestras narices.*" No había duda alguna, Dios nos daba una gran enseñanza: *Yo soy tu protector siempre*. Fue una lección que aprendimos.

Con la mente de Cristo comprendemos que Su protección no es, necesariamente, una cubierta protectora contra el mal, sino más bien la certeza de que Dios hará con mi vida lo mejor

Ahora bien, al ejercitarnos en la mente de Cristo comprendemos que su protección, no es necesariamente una cubierta protectora contra el mal, sino más bien, la certeza de que el Señor hará con mi vida lo mejor, según su propósito, aunque esto no sea de nuestra entera satisfacción y agrado. Veamos la promesa de Dios al profeta Jeremías:

> *No le temas a nadie, que yo estoy contigo para librarte. Lo afirma el Señor. Hoy te he puesto como ciudad fortificada, como columna de hierro y muro de bronce, contra todo el país, contra los reyes de Judá, contra sus autoridades y sus sacerdotes, y contra la gente del país. ...Pelearán contra ti, pero no te podrán vencer, porque yo estoy contigo para librarte», afirma el Señor.*[35]

Las promesas del Señor a Jeremías fueron fieles y las mantuvo aún en medio de días difíciles, pero en nuestra

[35] Jeremías 1:8,18-19

débil mente humana, pensamos que con una declaración como la que recibió el profeta, no pasaría las penurias y tristezas que tuvo que enfrentar, amén de recibir el rechazo de su propia familia y del pueblo al cual ministraba.

Comúnmente se cree que si una persona es llamada a ministrar a un grupo necesitará ser popular y querido entre ellos como una prueba del respaldo divino, pero no fue así con Jeremías. Otro dolor fue ver al pueblo ir cautivo a tierra extraña, y todo por su duro corazón. La tradición cristiana dice que Jeremías murió apedreado en Tafnes, Egipto, por los propios judíos, su amado pueblo. ¿Le protegió Dios? Totalmente. Jeremías concluyó con éxito la obra que Dios le había encomendado. Si lo vemos fuera de la mente de Cristo, dudaremos de la protección divina, y más aún de su triunfo.

Dios nos protege, sí Él lo hace, pero al tener la mente de Cristo podemos entender o aceptar la muerte de tantos cristianos en el circo romano. Aceptamos la muerte de Hernando Hernández, un joven líder colombiano que servía al Señor con dedicación. Hernando tenía un hermoso ministerio con jóvenes universitarios cuando murió en un aparatoso accidente automovilístico. Y qué decir de la trágica e inspiradora muerte de los cinco misioneros norteamericanos a manos de las tribus Aucas en la zona selvática del Ecuador. Esos misioneros encontraron la muerte mientras intentaban evangelizar aquellas tribus. Eran ellos: Nate Saint (31 años), Roger Youderian (31 años), Jim Elliot (28 años), Edward MacCully (28 años) y Pete Fleming (27 años).[36]

Algún tiempo después Elisabeth Elliot, viuda de Jim Elliot, junto a otros familiares de los mártires, fueron a

[36] Roberto C. Savage y José Andrades. El drama del Curaray, 16

trabajar entre los Aucas, la misma tribu que asesinó a sus familiares. Allí conocieron a varios de los que participaron en la matanza y les hablaron del amor de Dios para cada persona. Después de aquellas muertes el mundo cristiano puso sus ojos, sus oraciones y su esfuerzo para alcanzar los habitantes de aquella apartada zona, de los cuales, hoy muchos han obtenido la salvación en Jesucristo.

Dios nos protege, somos su especial pueblo, su delicado tesoro. Estamos seguros en sus manos; no temamos nada, ni aún la muerte porque en un momento dado, ella puede ser parte del plan de Dios para algunos de sus hijos amados. Recordemos siempre que todo lo que nos ocurra el Señor lo usará para, en alguna forma, cumplir sus propósitos y sus planes, y tornará todo mal que nos toque en una saludable y enriquecedora experiencia. Tristemente el concepto de protección de muchas hermanas y hermanos occidentales es al estilo Hollywood. Frente a las promesas divinas nos creemos protagonistas de una de esas películas donde al personaje principal nada le puede ocurrir y todo lo vence, alcanza con creces sus objetivos, extermina a todos sus enemigos y no sufre un solo rasguño, ni siquiera se le cae el sombrero.

Jesús nos compró por medio de su sacrificio vicario; le pertenecemos y estamos contentos con ello. Algunas veces nos permite tomar de su cáliz y otras no. Unos viven para contar sus experiencias, otros son llamados a su presencia. Vivos o muertos somos de Él, quien siempre nos muestra su amor.

Frente a la pregunta ¿puede o debe un buen cristiano, o una buena creyente sufrir? Podemos contestar con otra interrogante ¿Cuál ha sido el mejor cristiano que haya existido? Si la respuesta es Jesucristo, y lo es, volvemos entonces a preguntarnos ¿Sufrió Él? ¿Dijo que sufriríamos? ¿Nos invitó ó no a tomar su cruz? Lo antes dicho no significa que entendamos la causa y origen de todo sufrimiento y que siempre tengamos una respuesta o explicación.

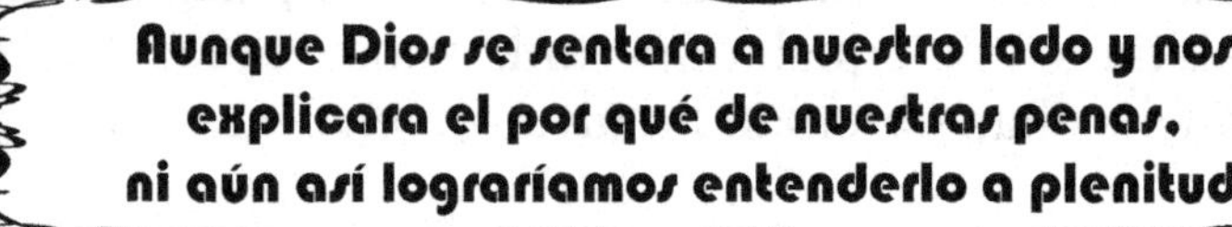

Realmente he conocido situaciones inexplicables y desconcertantes, pero lo principal aquí no es el entendimiento de cada caso o situación, lo cual sería la respuesta a la pregunta ¿por qué Señor? Creo que aunque Dios se sentara a nuestro lado y nos explicara el por qué de muchas de nuestras penas, ni aún así lograríamos entenderlo a plenitud. La misma Palabra de Dios nos dice que hay cosas que sólo las entenderemos cuando estemos con el Señor. Lo útil, lo que nos conforta, es sabernos amados y protegidos por Él. Confiar que nos sostiene, recordando siempre que esto no significa que nada "malo" puede ocurrirnos; más bien, es que el Señor está con nosotros y aún aquello no deseado que nos pueda ocurrir, Él lo sabrá tornar en bendición. En lugar de preguntar ¿por qué? Preguntaríamos ¿para qué Señor? ¿Qué deseas que aprenda? ¿Qué deseas mostrarme?

Puede dar una ojeada a su pasado y contemplar sus momentos más tristes y difíciles, o meditar en la tormenta por la que pasa su vida en estos momentos, Dios está a su lado, le comprende y protege, y de las cenizas de su dolor le levantará y sanará. Como dice el poema de la huellas, Él nos lleva en sus brazos. Curiosamente, pocas experiencias enriquecen más nuestras vidas que las lecciones nacidas del dolor. El salmista David en el salmo 23 no sólo habla de las aguas tranquilas y los pastos verdes sino que también menciona el valle de la aflicción. Porque en la vida cristiana tenemos momentos de paz y tranquilidad, pero también momentos de dolor y profunda tristeza. Pero en uno y en otro Jesús es nuestro pastor y nunca nos deja.

Al cruzar por el valle de la aflicción va quedando sobre el suelo de nuestra existencia un especial y raro sedimento que permite que florezcan en nuestras vidas una variedad de rosas que sólo florecen y adornan las vidas de aquellos que han sabido crecer en medio de sus aflicciones. Alguien lo dijo de esta manera:

> *Caminé un kilómetro con el placer y me dio charla todo el tiempo, pero cuando nos separamos, no me había dicho nada importante. Caminé un kilómetro con el dolor, y no se cambio palabras entre nosotros, pero ¡cuantas cosas aprendí de él cuando compartimos nuestro sendero.*[37]

Las esposas, los hijos y demás familiares de los cinco mártires de la fe que ofrendaron sus vidas por alcanzar a los Aucas, obtuvieron consuelo en las palabras que se encontraron en el diario de Jim Elliot, y con las que concluimos este capítulo.

> *Justo ahora salí a la colina. Que regocijante, delicioso, es estar parado abrazado por las sombras de un amigable árbol con el viento halando de tu faldón y los cielos llamando a tu corazón, para contemplar y glorificar, y darte nuevamente a Dios - ¿qué más puede un hombre pedir? ¡Oh la llenura, el placer, la pura conmoción de conocer a Dios en la tierra! No me importa si no vuelvo a alzar mi voz a Él nuevamente, si sólo le amara, le agradara a Él. Acaso en Su misericordia, me dé una multitud de hijos para que yo les guíe a través del vasto campo de*

---

[37] William Barclay, Comentario del N.T. Mateo I, (Barcelona: CLIE) 48

estrellas para explorar las delicias de Aquel cuyo dedo las pone a brillar. Pero si no, si sólo yo le viera, tocara Sus ropas, y sonriera a Su mirada, entonces, ni estrellas, ni niños importarían, sino sólo Él. "¿Oh Jesús, Maestro, Centro y Final de todo, cuanto tiempo más antes de que la Gloria sea Tuya, la que tanto has esperado?, Ahora, entre los hombres no te recuerdan; para entonces no habrá recuerdo para nada más. Ahora, otros hombres son alabados; para entonces, le importará los méritos de otros. Apresúrate, Gloria del Cielo, toma Tu corona, somete Tu Reino, sojuzga Tus criaturas." [38]

[38] Elisabeth Elliot, Through gates of splendor. (Pyramid Publications for Fleming Revell. 1977) 204

CAPÍTULO IV

LA FORTALEZA Y DIOS

"El Señor es mi luz y mi salvación;
¿a quién temeré? El Señor es el baluarte
de mi vida; ¿quién podrá amedrentarme?"
Salmo 27:1

Cuando expresamos que alguien o algo es nuestra fortaleza, estamos diciendo que de allí obtenemos la fuerza y el vigor para enfrentar los desafíos y luchas de la vida, o que es nuestro apoyo al enfrentar una aguda crisis. En momentos de gran angustia en su vida, David expresó que Dios y sólo Él era la luz, la salvación y la fortaleza de su vida. Para el rey David la fuente de su confianza y esperanza no era su ejército, o su habilidad con las armas, sino el Señor.

¿Quién o qué es su fortaleza? ¿Cuál es el concepto divino de fortaleza que nos muestran las Escrituras? ¿Será semejante al nuestro? Con respecto a este concepto, como con cualquier otro que tengamos, debemos preguntarnos y tratar de descubrir cómo lo ve Dios y que dice al respecto. A la luz de la Palabra podemos definir fortaleza como fuerza en la debilidad. Esta paradoja sólo es comprensible, y por lo tanto útil, a través de la mente de Cristo en nosotros. Sin esa capacidad jamás podríamos comprender al apóstol Pablo cuando dice: *"Porque cuando soy débil, entonces soy fuerte"*[39] . Ilustremos esta verdad bíblica con algunos ejemplos.

---

[39] 2 Corintios 12:10b

David y Goliat

Esta conocida historia nos muestra claramente lo que una persona con la mente de Cristo es capaz de hacer para Dios. Trate de imaginarse la escena, el gigante y bravucón Goliat desde una colina cercana desafiaba a los atemorizados israelitas, quienes desde el otro lado del valle le escuchaban sin atreverse a enfrentarse al temible filisteo. Goliat era un experimentado guerrero de casi tres metros de altura. La Biblia dice de sus armas: *"En la cabeza llevaba un casco de bronce, y sobre su cuerpo una coraza, también de bronce, que pesaba cincuenta y cinco kilos. Del mismo metal eran las placas que le protegían las piernas y la jabalina que llevaba al hombro. El asta de su lanza era como un rodillo de telar y su punta de hierro pesaba más de seis kilos."*[40]

Este Goliat parecía un guerrero invencible. Su seguridad y fortaleza provenían de sí mismo, de su destreza, fuerza y tamaño, y en él estaba cifrada la esperanza de los filisteos. Del otro lado está David, un simple pastor de ovejas sin ninguna experiencia militar, y que ni siquiera formaba parte del ejército israelita. David se encontraba allí porque había sido enviado por su padre a visitar a sus hermanos que estaban en el servicio militar. David escuchó los insultos que lanzaba Goliat y como desafiaba a los israelitas pidiendo que alguno osara batirse con él en un encuentro a muerte.

El hijo de Isaí reaccionó airado y se ofreció para pelear con el filisteo. El rey Saúl le dijo que no podía combatir contra Goliat porque era "un muchacho", es decir, muy joven y sin experiencia. Y esto era muy cierto. El lógico razonamiento de Saúl, le decía que ese "muchacho" no podía enfrentar con éxito a semejante mastodonte como lo era Goliat. Pero David no se miraba a sí mismo. El se

---

[40] 1Samuel17:5 (DHH)

sabía incapaz de enfrentar su impresionante enemigo. El no era capaz, pero su Señor sí. Su fuerza estaba en la confianza de que el Dios todopoderoso le protegía; y así como enfrentaba las fieras que atacaban su rebaño, así él estaba dispuesto a luchar contra el gigante filisteo porque su fortaleza era el Señor. Encontramos en 1Samuel 17:45 que al enfrentarse y derrotar a Goliat, David le dijo:

> *Tú vienes contra mí con espada, lanza y jabalina; pero yo vengo a ti en el nombre del Señor Todopoderoso, el Dios de los ejércitos de Israel, a los que has ofendido.*

David sabía que no era la piedra, su honda, ni su destreza, sino Dios quien haría el milagro. El verdadero gigante era el sencillo pastor de Belén y no el paladín filisteo.

He aquí la fuerza en la debilidad. Una vez más David proclama que su fortaleza está en Dios. El no iba confiado en su experiencia en la caza, ni en su destreza con la honda, sino en el Señor. Y en esa fe se armó de cinco piedras lisas, su honda y su firme confianza en Dios. Le oí decir famoso profesor en Biblia Dr. J. Vernon McGee, que David tomó cinco piedras no como repuesto, por si fallaba al lanzarla contra el gigante, sino porque Goliat tenía cuatro hijos semejantes a él. ¿Tal podría haber sido la confianza de David?. Si fue así, el pastorcillo estaba convencido que con una piedra era suficiente para derribar a su oponente, pues no era la piedra, su honda, ni su destreza, sino Dios quien haría el milagro. Y si aparecían cuatro gigantes más, tenía una piedra para cada uno de ellos.

Al contemplar la escena mediante la mente de Cristo, somos despojados de nuestro humano concepto de fortaleza, y vemos que el verdadero gigante era el sencillo pastor de Belén y no el paladín filisteo, quien tuvo la desgracia de desafiar *"el ejército del Dios viviente"*.

La mente de Cristo nos permite una visión real y completa de cada situación que vivimos, pues nuestros ojos sólo nos dan una parte de esta realidad. Nuestra batalla, aunque se refleja en este mundo físico, es eminentemente espiritual; de allí que nuestra fuerza deba ser espiritual. El conocimiento que David tenía de Dios (la mente de Cristo en nosotros) le permitió ver cosas que les estaban vedadas a los demás. Veamos como ejemplo las palabras de Goliat registradas en 1Samuel 17:8 cuando dijo: *"¿No soy yo un filisteo? ¿Y no están ustedes al servicio de Saúl?"* Esto era verdad, los Israelitas eran siervos de Saúl; hasta allí llegaba la visión o conocimiento de Goliat y aparentemente, de todo el ejército de Israel. Pero ¿cómo lo vio David? El dijo: "¿Quién se cree este filisteo pagano, que se atreve a desafiar al ejército del Dios viviente?"[41]

David los veía como *"siervos del Dios viviente"*, por tanto, los insultos no sólo iban para Saúl sino para Dios mismo, por lo que podía esperar la rápida y ejemplarizadora acción del Señor. Más adelante Saúl trata de vestir o armar a David con todos los implementos de guerra que él conocía, pero David apenas podía caminar con todo aquellos y solicitó quitárselas; él sabía que lo importante no eran sus armas, sino la presencia y ayuda de Dios y así lo expresó a Goliat diciéndole: *"Todos los que están aquí reconocerán que el Señor salva sin necesidad de espada ni de lanza. La batalla es del Señor."* [42]

Todo el poder de Dios estaba allí desde el principio dispuesto para manifestarse, pero se necesitaba de alguien que lo viera, que lo comprendiera y se apropiara

---

[41] 1Samuel 17:26b

[42] 1Samuel 17:47

de ello, y esto sólo es posible mediante el entendimiento que nos da el Señor. Esta historia de David y Goliat no es similar a las fábulas de la liebre y la tortuga, o el águila y el caracol, en las cuales, mediante un esfuerzo propio y venciendo mil dificultades, los débiles logran su cometido y vencen a los que parecían invencibles. No, David no va a la batalla con la confianza puesta en su fuerza de voluntad, en el destino, o en su buena suerte; David conocía a Dios y sabía que para Él todo es posible. Mediante la mente de Cristo podemos ver nuestra debilidad, proclamar al Señor como nuestra fortaleza y en confianza avanzar, pues en sus manos estamos seguros.

Gedeón y su Ejército

He aquí otro interesante caso, en el cual podemos definir fortaleza como fuerza en la debilidad. Contrario a David que no tenía armas de guerra, Gedeón, quien consciente del llamado divino organiza todo un ejército, pudo ser tentado por el humano concepto de fortaleza. Es necesario decir que este hecho acontece unos 130 años antes que el anterior.

Deseamos contrastar la falta de recursos del primer personaje con la abundancia del otro y como actúa el Señor en ambos casos. Recordemos que para aquellos días no había rey sobre Israel. Muerto Josué, el pueblo quedó sin un jefe o líder nacional que los guiara lo que provocó la anarquía y la desunión entre el pueblo. La desobediencia a los mandatos divinos tampoco faltaron y eran sometidos al poder de los pueblos vecinos por causa de sus pecados. De tiempo en tiempo y frente al arrepentimiento del pueblo, el Señor enviaba líderes, que fueron conocidos como "jueces", que le libertaban de su esclavitud y el pueblo volvía a caminar en obediencia; pero muertos éstos, volvían a sus andanzas.

Por siete años Israel había sido entregado a manos del pueblo de Madián. Cuando clamaron a Dios por causa de los madianitas, Dios levantó a Gedeón para librarlos. Éste, convencido de que el Señor los entregaría en sus manos y mostrando sus dotes de líder y de estratega militar, llamó y organizó al pueblo para enfrentar al enemigo formando un ejército de unos 32,000 hombres. Esto obedecía a un lógico razonamiento, mientras más grande y poderoso fuera el ejército, más fácil sería la victoria. Sin embargo, ese no era el plan de Dios. Veamos lo que la Biblia dice en Jueces 7:2-7; (Versión Popular)

> *El Señor le dijo a Gedeón: "Traes tanta gente contigo que si yo hago que los israelitas derroten a los madianitas, van a alardear ante mí, creyendo que se han salvado ellos mismos. Por eso, dile a la gente que cualquiera que tenga miedo puede irse a su casa." De ese modo Gedeón los puso a prueba, y se fueron veintidós mil hombres, quedándose diez mil. Pero el Señor insistió: "Son muchos todavía. Llévalos a tomar agua, y allí yo los pondré a prueba y te diré quienes irán contigo y quiénes no." Gedeón llevó entonces a la gente a tomar agua, y el Señor le dijo: "Aparta a los que beban agua en sus manos, lamiéndola como perros, de aquellos que se arrodillen para beber." Los que bebieron agua llevándosela de las manos a la boca y lamiéndola como perros, fueron trescientos. Todos los demás se arrodillaron para beber. Entonces el Señor le dijo a Gedeón: "Con estos trescientos hombres voy a salvarlos a ustedes, y derrotaré a los madianitas. Todos los demás pueden irse".*

Dios no necesita ese gran ejército para hacer su voluntad. Usó menos del uno por cierto (1%) de ellos y les dio la victoria sobre Madián. Gedeón aprendió un nuevo concepto de fortaleza, "fuerza en la debilidad". Es decir, fuerza divina en la debilidad humana cuando el Señor es nuestra fortaleza. Sin duda, Gedeón fue un hombre distinto al comprender este concepto, pero ¿lo comprendemos nosotros? Mediante la mente de Cristo podemos entender que el Señor es nuestra única fortaleza.

El salmista al recordar y cantar de las maravillas del Señor a través de la historia de Israel, dice en el Salmo 44:3: *"Pues no fue su brazo ni su espada lo que les dio la victoria; ellos no conquistaron la tierra. ¡Fue tu poder y tu fuerza! ¡Fue el resplandor de tu presencia, porque tú los amabas!"* Recordamos el himno "A la batalla", que nos dice en su coro: *"Ni es la carrera de los valientes, ni de los fuertes la paz, mas de los fieles en Cristo, es el eterno solaz".*[43]

El Apóstol Pablo y su ministerio.

Hasta ahora hemos visto casos de guerra donde se necesitaba enfrentar a un enemigo físico y el Señor mostró su fortaleza y poder venciendo al enemigo en medio de una aparente debilidad (real debilidad humana). El caso del apóstol es totalmente diferente. Llamado por Jesús desde su posición de celoso perseguidor de la iglesia, transformó su vida, y le hizo apóstol del evangelio aunque no había estado con el maestro como los doce apóstoles que siempre le acompañaban.

En la carta a los Filipenses 3:6-8 el apóstol Pablo afirma que abandonó todo aquello que le valioso, teniéndolo como pérdida, (basura) por amor a Cristo. Por amor a su Maestro dejó hasta su honrosa posición como fariseo en el seno de la sociedad judía. Pero, en cambio, el apóstol Pablo recibió la gran encomienda de la predicación a los gentiles. A decir verdad, su única posesión llegó a ser Cristo y el ministerio que había recibido. Ahora el motivo

---

[43] Himnario vida cristiana (Harrisburg: Christian Publications) 198

de la existencia de Pablo era su ministerio apostólico. Es lógico pensar que se empeñara en su llamado a toda capacidad. De allí que rogase a Dios que quitara un aguijón que tenía en su carne, es decir, una aflicción corporal. Interesantemente el apóstol no especifica ni clarifica a que se refería y sin duda alguna es parte deliberada del propósito de Dios para nosotros. Para algunos era una dolencia física, para otros era una persona que continuamente le importunaba.[44] Pero lo que sí está meridianamente claro es que Dios tenía un propósito al no acceder a los ruegos de Pablo quitándole el aguijón. Posiblemente quería evitar que las extraordinarias experiencias que el apóstol tuvo, fueran a serle de tropiezo, llegando a envanecerse pensando que todo lo hacía gracias a sus propias fuerzas.

Bástate mi gracia: porque mi poder se perfecciona en la debilidad

Para la magnitud de su llamado, naturalmente, necesitaba estar vigoroso, saludable y tener libertad. No necesitaba enemigos extras que le fueran obstáculos a su carrera. Por esta razón, oró tres veces que le fuera quitado aquel "aguijón" que le causaba pena, dolor, y vergüenza. Pero Dios le enseñó al apóstol que su fortaleza no estaba en su salud, ni en sus recursos o posibilidades, ni siquiera en sus antiguas relaciones, sino que para la cristalización del ministerio dado, sólo le bastaría su gracia. En 2 Corintios 12:9a vemos que el Señor le dijo al apóstol: *"Te basta con mi gracia, pues mi poder se perfecciona en la debilidad"*.

Pablo aprendió a través de la mente de Cristo, que él hacía más con la gracia de Dios que con su salud; que

[44] Gálatas 4:13-15, 6:11; Colosenses 1:1, 4:18; 2 Tesalonicenses 1:1, 3:17; 1 Corintios 16:2 2) Ezequiel 28:24; 2 Timoteo 4:14-15; 2 Corintios 12:9a

le era mejor su amor, que dinero o posesiones; que le sería más útil su gracia para el ministerio, que cualquier cosa que le hiciera sentir seguridad y mayor libertad y al entenderlo, el apóstol exclamó:

> *Así que me alegro de ser débil, para que en mí se muestre el poder de Cristo. Y me alegro también de las debilidades, los insultos, las necesidades, las persecuciones, y las dificultades que sufro por Cristo, porque cuando más débil me siento es cuando más fuerte soy.*[45]

Lo único que necesitaba Pablo era el amor de Dios, pues cuando se sentía débil podía actuar sobre él todo el poder del Señor, porque su poder se manifiesta en nuestra insuficiencia. Es fuerza en la debilidad. Esto reclama una total entrega de nuestra parte; un completo abandono a las manos del Señor. No es con nuestros medios o posibilidades, Él es nuestra fortaleza. Sólo razonando con la mente de Cristo es esto viable y posible.

Lloyd J. Ogilvie nos habla de su experiencia en torno a esto, en su libro "Caer en la grandeza", él dice:

> *"¿Caer en la grandeza? Estas palabras parecen contradictorias, pero sólo al principio. Permítanme explicarles. Lo que he aprendido con respecto a caer con éxito, es que en los tiempos de insuficiencia experimento la grandeza del Señor. En los tiempos de tranquilidad o de triunfo, puedo reconocer fácilmente con gratitud su gloria; pero cuando encuentro tropiezos en la vida, comprendo la grandeza de su bondadoso corazón. Hay aspectos de la naturaleza del Señor que nunca experimentamos hasta que nos vemos forzados a enfrentarnos a nuestra ineficacia, insuficiencia e incapacidad"* [46]

---

[45] 2 Corintios 12:9-10

[46] Lloyd John Ogilvie, Caer en la grandeza (Miami: Logoi) 190

Así es, jamás podríamos conocer de la salud divina si nunca nos enfermáramos. Jamás experimentaremos lo que es un Dios proveedor si todas nuestras necesidades están satisfechas. La experiencia de un Dios proveedor puede tener significados muy distintos dependiendo del lugar del mundo donde se vive, pero la verdad es la misma, nuestro Padre celestial puede llenar nuestras necesidades si es que llegamos a tenerlas.

Pensemos un momento en el Cristo crucificado; los que allí lo llevaron creyeron que habían terminado con la amenaza que representaba el nuevo movimiento. Sus propios discípulos pensaron que todo había terminado. Pero aquella muerte era fuente de vida. Lo que aparentaba derrota era en verdad la mayor victoria jamás lograda. En medio de la densa oscuridad del momento, la luz del mundo alumbraba toda la humanidad.

En Apocalipsis se nos narra que Juan lloraba porque ni en el cielo ni en la tierra, ni debajo de la tierra se había podido encontrar a alguien digno de desatar los siete sellos y abrir el libro. Pero uno de los ancianos le dijo: *"No llores más, pues el León de la tribu de Judá, que es descendiente del rey David, ha vencido y puede abrir el rollo y romper sus siete sellos".*[47]
Inmediatamente se indica que Juan miró, pero ¿qué espera ver Juan? Se le había dicho que el *"León de la tribu de Judá"* estaba allí y que había vencido. ¿No era lógico que esperara ver un león, en toda su bravura y majestad? Pero cuando miró, nos narra la Escritura en Apocalipsis 5:6: "vi un Cordero. Estaba de pie, aunque parecía haber sido sacrificado" . Ese es el concepto de fortaleza que vemos en Dios. "Aquel León de la tribu de Judá" no era más que un Cordero que parecía que había sido sacrificado, y estaba como desvalido y muerto.

[47]Apocalipsis 5:5

Pero precisamente allí estaba la fortaleza del León, en el sacrificio del Cordero. ¡Qué hermoso! La mente de Cristo nos lo hace comprender. Necesitamos vivir bajo el influjo de la mente de Cristo para entender y aplicar a nuestro peregrinar de fe el divino concepto de fortaleza.

L. Ford, en su libro La Gran Minoría, dice esto respecto a la predicación del Evangelio:

> *¿Qué habrían dicho los críticos de aquel carpintero judío que predicaba desde una barca y que fue clavado en una cruz? ¿Habrían adivinado que él, y no las legiones romanas, sería el "eje de la historia"?. ¡Imagínese con qué desprecio habrían descartado la predicación de Pablo en Atenas! ¡Cómo les iba a caber en la cabeza que el mensaje que el apóstol predicaba iba a aplastar el paganismo y convertir el Partenón mismo en iglesia cristiana! ¿Qué acontecimiento habrían considerado el más destacado de los primeros años del siglo quinto: el saqueo de Roma en el 410 a manos de las huestes de Alarico, o la obra de Agustín La Ciudad de Dios en el 413? Fue el libro del obispo, no las huestes bárbaras, el que dominó la Edad Media. Supongamos que hubieran vivido en el siglo dieciocho en Inglaterra, mientras la revolución hervía amenazante al otro lado del Canal, y hubieran oído a John Wesley predicando en un potrero. Habrían exclamado: "¡Bájate de esa nube que aquí en la tierra tenemos suficientes problemas!. Olvídate del cielo. Háblanos de cosas de actualidad". Sin embargo, Lecky ha dicho que el avivamiento de Wesley salvó a Inglaterra de la Revolución Francesa.*[48]

¡Oh hermanos y hermanas! Muramos a nuestro yo y vivamos para nuestro Señor. Caminemos confiados ya no en nuestra fuerza y posibilidades, en nuestras habilidades

---

[48] Leighton Ford, La gran minoría (Miami: Editorial Caribe, 1969) 154.

y relaciones, sino en lo ilimitado de sus recursos que son más y mejores. Que nuestra fuente de seguridad no provenga de nuestras finanzas ni posiciones; que no lo sea el tamaño de la congregación a la que se ministra, ni su cuenta de banco. Evitemos que nuestra confianza se vaya tras cualquier peregrina posibilidad, sea esta persona o cosa. Que Cristo ponga su mente en nosotros para verle como nuestra única fortaleza.

Concluyamos con la siguiente e interesante historia de la cual no conocemos su autor:

> *Cuentan que un alpinista, después de años de preparación y desesperado por conquistar el pico Aconcagua, inició su travesía, pero decidió subir sin compañeros, porque no deseaba compartir con nadie ese momento de gloria. Empezó a escalar lleno de entusiasmo y preso de una rara ansiedad por alcanzar su meta. Cuando comenzó a oscurecer no se preparó para acampar, sino que decidió seguir subiendo para llegar cuanto antes a la cima. La noche cayó con gran pesadez en la altura de la montaña y ya no se podía ver absolutamente nada. Todo era negro, cero visibilidades, no había luna y las estrellas eran cubiertas por las nubes. Subiendo por un acantilado, a sólo cien metros de la cima, se resbaló y se desplomó por los aires. Caía a una velocidad vertiginosa, sólo podía ver veloces manchas cada vez más oscuras que pasaban en la misma oscuridad y la terrible sensación de ser succionado por la gravedad. Seguía cayendo y en esos angustiosos momentos pasaron por su mente todos sus gratos y no tan gratos momentos de la vida, pensaba que iba a morir, sin embargo, de repente sintió un tirón tan fuerte que casi lo parte en dos. Como todo alpinista experimentado, había clavado estacas de seguridad con candados a una*

larguísima soga que lo amarraba de la cintura. En esos momentos de quietud, suspendido por los aires, no le quedó más que gritar: "¡Ayúdame Dios mío!". De repente, una voz grave y profunda de los cielos le contestó: "¿Qué quieres que haga hijo mío?" "¡Sálvame Dios mío!" "¿Realmente crees que puedo salvarte?" "Por supuesto Señor."- respondió el hombre. "Entonces corta la cuerda que te sostiene." Hubo un momento de silencio y el hombre se aferró más a la cuerda. Cuenta el equipo de rescate que al otro día encontraron colgado a un alpinista congelado, muerto, agarrado con fuerza, con sus dos manos, a una cuerda a tan sólo dos metros del suelo. Y usted, ¿qué tanto confía en su cuerda? ¿Por qué no la suelta? Es necesario aprender a confiar en Dios y no en nosotros mismos, ni en nuestras "cuerdas".

¿Será que estamos de una forma u otra demasiado apegados a alguna cuerda? ¿Realmente quién o qué es su fortaleza?

CAPÍTULO V

LA GRANDEZA Y DIOS

*"Grande es el Señor, y digno de toda alabanza;
su grandeza es insondable"*
Salmo 145:3

En este capítulo se desea resaltar que sólo Dios es verdaderamente grande y poderoso. Ningún otro poder, angélico o humano se le compara o está fuera de su autoridad. Sólo a quien el Señor considere grande en verdad lo es, sin importar las apariencias. El verdadero honor y la genuina grandeza provienen de nuestro supremo Rey y Señor. ¿Qué cómo se obtienen? Acompáñeme.

Dios es Grande

Cuando el Señor se reveló a Abraham se le dio a conocer como *"el Shaddai"*, que lo describe como *"el poseedor de toda potencia en el cielo y en la tierra"*[49] El salmista David canta en el Salmo 19:1 de la manifestación de la gloria divina a través de toda la creación. El dice: *"Los cielos cuentan la gloria de Dios, y el firmamento proclama la obra de sus manos"*.

La naturaleza toda con sus miles de colores, con las alturas de las montañas, con lo profundo de las pendientes, con el canto de las aves y con la inmensidad del mar; con la puesta del sol y con el cielo estrellado, con la traviesa lluvia y con la brisa suave; con todo ello nos habla de "el

[49] Luis Berkhof, Teología sistemática (Grand Rapids : T.E.L.L., 1983) 935

Shaddai," nuestro grande y poderoso Señor.
El himnólogo inspirado cantaba:

> *Señor, mi Dios, al contemplar los cielos el firmamento, y las estrellas mil. Al oír tu voz en los potentes truenos y ver brillar al sol en su cenit. Al recorrer los montes y los valles y ver las bellas flores al pasar. Mi corazón se llena de emoción, cuán grande es Él, cuán grande es Él.*[50]

"Magnificencia" es sinónimo de "grandeza" y así leemos en el Salmo 93:1: *"Jehová reina; se vistió de magnificencia; Jehová se vistió, se ciñó de poder."* Nuestro Dios se cubre con grandeza y majestad. La Biblia nos dice en Job 37:22: *"En Dios hay una majestad terrible. Él es Todopoderoso"*

El teólogo inglés J. I. Parker, expresa: *"La palabra majestad, cuando se aplica a Dios, constituye siempre una declaración de su grandeza y una invitación a la adoración."*[51] Parker también nos hace notar lo significativo que resulta, que en dos oportunidades el escritor de los Hebreos haya utilizado la frase *"la Majestad"* en sustitución del término Dios.[52] Hablando de nuestro Señor Jesucristo, nos dice Hebreos 1:3 y 8.1: *"...habiendo efectuado la purificación de nuestros pecados por medio de sí mismo, se sentó a la diestra de la Majestad en las alturas"* (Esto se observa en la versión Reina-Valera de 1960).

La grandeza del Señor se muestra también en que Él es Dios de dioses. Cuando Moisés le contó a su suegro todo cuanto el Señor había hecho con él y con el pueblo, nos dice en Éxodo 18:11 que Jetro exclamó: *"Ahora sé que*

---

50 Himnos de la vida cristiana, (Christian Publication 1963) 15

51 J. I. Parker, Hacia el conocimiento de Dios (Miami: Logoi, 1979) 89

52 Ibid, 89

el Señor es más grande que todos los dioses". Pero aún antes de esto, vemos en Éxodo 15:11 que al cruzar en seco el mar Rojo el pueblo de Israel cantó: *¿Quién, Señor, se te compara entre los dioses? ¿Quién se te compara en grandeza y santidad?* Y es que no existe dios comparable a nuestro Dios. Él y solamente Él es grande y poderoso. Pero no es que haya más dioses, pues sólo el Señor es Dios, pero al comparar Israel a su Señor y Dios con los dioses que tenían los pueblos vecinos, al meditar en sus excelentes hechos, sus proezas y hazañas exclamaban: *"¿Quién como tú, oh Señor, entre los dioses?*

"a fin de que seamos para para alabanza de su gloria" Ef. 1:12

Pero ¿qué tan grande es nuestro Dios? El Señor es inconmensurable. Es decir, no se puede medir. No hay con quien o con qué compararlo. El profeta Isaías nos ilustra esta verdad al preguntarse en 40:12:
¿Quién midió las aguas con el hueco de su mano y los cielos con su palmo, con tres dedos juntó el polvo de la tierra, y pesó los montes con balanza y con pesas los collados?"

Lo primero que se nos pregunta es *¿quién midió las aguas con el hueco de su mano?* La respuesta obvia es que nuestro Dios lo hizo. ¿Pero es posible hacer tal cosa? Cuando usted junta los dedos de su mano y crea el hueco con ella, ¿qué cantidad de agua le cabe allí? ¿De qué cantidad de agua estamos hablando? Veamos. Algunos sostienen que nuestro planeta debió llamarse Mar y no Tierra ya que éste cubre las dos terceras partes del planeta. El setenta y uno por ciento (71%) de la superficie terrestre es agua, es decir, unos 362 millones de kilómetros cuadrados. Los mares y océanos contienen el noventa y siete por cierto (97%) de las aguas del planeta. Las zonas más bajas del fondo marino son las fosas oceánicas donde el mar llega a tener unos 11,000 metros de profundidad.[53]

La Biblia nos dice que nuestro Dios tomó esa enorme masa de agua y la colocó en el hueco de su mano. ¡Aleluya! ¿Puede este Señor protegerle? Sí, Él lo puede hacer. Si alguna vez se encuentra en alta mar piense que está en el hueco de su mano. ¡Postrémonos y adoremos! Podemos decir junto al salmista cuando canta en el Salmo 93.3-4: *Se levantan las aguas, Señor; se levantan las aguas con estruendo; se levantan las aguas y sus batientes olas. Pero el Señor, en las alturas, se muestra poderoso: más poderoso que el estruendo de las muchas aguas, más poderoso que los embates del mar.*

Una segunda pregunta que extraemos del texto es *¿quién con tres dedos juntó el polvo de la tierra y pesó los montes y los collados?* Nuevamente la respuesta es, el Señor lo hizo. Este es el incomparable Dios nuestro. ¿Quién si no Él puede con sólo tres dedos tomar los collados y picos más altos de la tierra? J. H. Barrows dijo una vez: *"Las cordilleras son letras en alto relieve sobre las cuales nosotros, hijos ciegos, ponemos nuestros dedos, para poder leer el nombre de Dios"*[54]

Nos impresionamos con las inmensas alturas de las elevadas montañas que nos parecen que tocan el cielo. En México se encuentra el Pico Orizaba con 5,700 metros de altura. El Chimborazo con 6,267 mts. (Ecuador). El Aconcagua, (Argentina) con 6,960 mts. El Monte Comunismo con 7,945 mts. (Tadahikistán, Antigua Unión Soviética). El Pico K2, también conocido como Godwin

---

[53] Enciclopédica Hispánica, Tomo 9. (Barcelona: 1991) 317

[54] J. Roberto Spangler, Dios en primer lugar. (Casa Editora Sudamericana. 1977) 31

Austen, con 8,611 mts. (Frontera Indo-pakistaní). Y el Everest, (Himalaya, frontera Nepal-China), que es el punto más alto del mundo, con sus 8,848 mts.[55]
La Biblia nos dice que Dios tomó estos montes con sólo tres dedos, como cuando usted une el pulgar, el índice y el mayor, para tomar algo pequeño que no requiere de todos sus dedos. Esa es la grandeza de nuestro Dios. La próxima vez que esté en una montaña piense que está entre los dedos de Dios. ¡Postrémonos y adoremos!

La tercera pregunta que encontramos es *¿quién midió los cielos con su palmo?* Es decir, que con la palma de la mano le bastó al Señor para medir todo el universo. El planeta Tierra se encuentra en el Sistema Solar, que es el conjunto de nueve planetas (cuatro de ellos varias veces más grande que la Tierra), satélites naturales, asteroides, cometas, meteoroides y polvo interplanetario. El Sol es la única estrella del sistema. La distancia entre la Tierra y el Sol es de unos 149,598,000 kilómetros. Esta distancia se ha usado como guía y medida, y se le ha denominado, unidad astronómica (v.a.), que equivale a la distancia, como ya hemos dicho, entre el Sol y la Tierra. Plutón, que es el planeta más lejano del Sol, está a 39,785 v.a.[56] ¿Se puede imaginar esta distancia?

Ahora bien, recordemos que nuestro Sistema Solar es sólo un pequeño punto dentro de la galaxia a la cual pertenecemos, que es la Vía Láctea. Para darnos una idea del tamaño de nuestra galaxia, es necesario recurrir a dos tipos de medidas espaciales. Una es el "año luz", que es la distancia que recorre la luz en un año a una velocidad de 300,000 kilómetros por segundos. La otra es el "parsec", que es la distancia astronómica de 206,265 v.a.[57]

---

[55] Enciclopedia Hispánica. Tomo 10 (Barcelona: 1991) 216.

[56] Ibid; Tomo 13, 233

[57] Enciclopedia Cumbre. Tomo 14. (México: Editorial La Cumbre. 1983) 167

Los cuerpos luminosos, que a simple vista podemos observar en una noche estrellada, pertenecen a nuestra Vía Láctea, que cuenta con unos cien mil millones de estrellas, muchas de ellas son un millón de veces más luminosas que nuestro Sol.[58] La luz tarda en llegar de un extremo a otro de la Vía Láctea unos 125,000 años luz. El diámetro de la Vía Láctea es de unos 30,000 parsec, es decir, 200,000 años luz. La distancia aproximada entre galaxias cercanas es de alrededor de unas 10,000,000 millones de años luz y se alejan unas de otras a una velocidad increíble.[59] Estas distancias escapan aún de nuestra capacidad imaginativa, sin embargo, Isaías nos afirma que Dios con la palma de su mano midió todo el vasto universo. Así de grande, y aún mayor, es nuestro Señor, dignísimo de toda alabanza y adoración. ¡Postrémonos y adoremos!

Continuando con el pensamiento de la grandeza divina, leemos en Isaías 40:16: *"En todo el Líbano no hay animales suficientes para ofrecerle un holocausto, ni leña suficiente para el fuego"*.

En la carta a los Colosenses, Pablo nos presenta a nuestro Señor Jesucristo como centro y sostén de todo cuanto vemos y otro tanto que no vemos; todo cuanto existe Él lo sustenta. El Dios nuestro es maravilloso, majestuoso e infinitamente grande. ¿De qué tamaño es su Dios? Realmente, del tamaño que usted lo considere. Retengamos en nuestros pensamientos la verdad de la grandeza del Señor y podremos actuar en consecuencia. Es decir, postrarnos y adorar a nuestro majestuoso Señor conscientes de quién es El y de que fuimos rescatados para la alabanza de Su gloria. Esta verdad debe convertirnos en genuinos y apasionados adoradores de nuestro Dios. Concluyamos esta parte con las palabras del apóstol

[58] Ibid; 271

[59] Ibid; 271

Pablo en su carta a Timoteo 1:17, cuando él dice lleno de emoción y gratitud:

> *Por tanto, al Rey de lo siglos, inmortal, invisible, al único y sabio Dios, sea honor y gloria por los siglos de los siglos. Amén.*

Satanás y la grandeza

Ya que nos hemos preguntado sobre la grandeza de Dios, hagámoslo también sobre Satanás. El no es omnisciente, omnipotente, ni omnipresente como a veces lo hacemos parecer. En cuanto al poder que pueda tener creo que hemos ido de un lado a otro del péndulo, unas veces creyéndolo una indefensa criaturita a la cual la podemos pisar, meter en una caja y botar la llave. En otras ocasiones, le atribuimos poderes y acciones que sólo Dios tiene y puede realizar.

El reino de mentira de Satán se desvanece ante el poder de la verdad en Cristo

Estando en la categoría de ángel, Satanás es mayor que los seres humanos y sin duda alguna tiene poder para arruinar nuestras vidas si lo permitimos. Por otro lado, sabemos que el Señor Jesucristo le derrotó mediante su muerte y resurrección. Siendo Jesús la cabeza de la iglesia, ésta última vence a Satanás en el nombre de su Señor. Creo como enseña el Dr. Neil Anderson cuando dice que el poder de Satanás radica en la mentira. Aún estando derrotado nos hace pensar que es victorioso y en ocasiones nos lleva a que le temamos más a él que a Dios, o que le ignoremos como si no existiera. Más que poder, para enfrentar a Satanás necesitamos exponer la verdad, ya que su reino de mentira se desvanece ante el poder de la verdad.[60]

---

[60] Neil Anderson, Rompiendo las cadenas (Miami: Editorial Unilit. 1998) 28.

El Nuevo Testamento lo presenta, entre otras calificaciones, como: "el príncipe de este mundo", "el hombre fuerte", "el acusador" y "padre de mentira". ¿Cuál sería el pecado de Satanás? Sin titubeos podríamos decir que fue el orgullo, que va de la mano con la soberbia. El deseo desmedido de ser grande, el más grande e importante. Los pasajes de Isaías 14.12-21 y Ezequiel 28.12-19 describen la caída de un rey babilónico, el uno, y la del rey de Tiro, el otro, quienes engreídos por la fortaleza y esplendor de sus reinados quisieron colocarse junto a Dios.

Pero estas perícopas parecen también narrar la debacle del querubín protector. Myer Perlman dice sobre la voz profética de Isaías y Ezequiel: *"...descorrieron el velo del pasado lejano y presentaron la caída del ángel rebelde que dijo 'seré semejante al Altísimo'. La lección era la siguiente: si Dios castigó el orgullo blasfemo de este ángel elevado, no dejará de castigar a cualquier monarca que se atreva a usurpar el lugar de Dios"*[61]

El pasaje en Isaías 14.12-14 lee así:

> *¡Cómo caíste del cielo, oh Lucero, hijo de la mañana! Cortado fuiste por tierra, tú que debilitabas a las naciones. Tú que decías en tu corazón: Subiré al cielo; en lo alto, junto a las estrellas de Dios, levantaré mi trono, y en el monte del testimonio me sentaré, a los lados del norte; sobre las alturas de las nubes subiré, y seré semejante al Altísimo.*

En la descripción que hace el profeta Ezequiel dice que ese ángel tenía todo lo mejor. Era perfecto, se paseaba por el monte del Señor y estaba en la misma presencia de Dios, pero deseaba más. Anheló y ambicionó la adoración

---

[61] Myer Perlman, Teología bíblica y sistemática. (Miami: Editorial Vida, 1985) 83.

divina y cayó por tierra. Estos relatos, como ya hemos visto, constituyen una soberana advertencia para todo corazón orgulloso, pues, describan o no la caída misma de Satanás, muestran cómo terminan los que desean ser iguales a Dios usurpando su lugar. Pero no es difícil ver a Satán en esos versos, ya que aquellos elementos distintivos del que desea ser grande están en él. En el jardín del Edén le vendió la misma idea a Eva. Leemos en Génesis 3:5 la serpiente le dijo: *"...podrán saber lo que es bueno y lo que es malo, y que entonces serán como Dios."* Satanás trató, además, de que el propio Jesús le adorara cuando tentándole le mostró los reinos del mundo. En Mateo. 4:9 Satan dice: *"Yo te daré todo esto, si te arrodillas y me adoras"*.

El Dr. Billy Graham, haciendo referencia a la narración de Isaías, habla de los cinco caprichos de Lucifer. El menciona: "Subiré al cielo"; "Junto a las estrellas de Dios, levantaré mi trono"; "En el monte del testimonio me sentaré"; "Sobre las alturas de las nubes subiré"; "Seré semejante al Altísimo". Yo ...yo...yo...yo...yo"[62]

Satanás ha creado su propio reino. Un reino tenebroso, maligno y anticristo. El es ahora, como le llama la Biblia, "el príncipe de los demonios" y "el príncipe de la potestad del aire". Pero Lucifer está vencido y su fin será el fuego eterno. No debe sorprendernos de que la enseñanza de que somos dioses sea central y medular en el movimiento de la llamada "nueva era". Muy sutilmente esta herejía ha ido penetrando en algunas congregaciones cristianas evangélicas. Cuidado, no somos dioses, ni merecemos su gloria, la cual Dios no comparte con nadie. Somos sus criaturas, sus hijos adoptados mediante el sacrificio salvífico del Señor Jesucristo. Como sus discípulos y

---

[62] Billy Graham, Los Angeles, agentes secretos de Dios (Editorial Caribe, 1989) 70

discípulas demos gloria a Dios, el cual es único y personal. Imitemos el ejemplo de nuestro Maestro siendo humildes y no soberbios, porque: *"La soberbia no es grandeza, sino hinchazón; y lo que está hinchado parece grande, pero no está sano." (San Agustín)* .[63]

El hombre y la grandeza

A través de la mente de Cristo podemos conocer quién es verdaderamente grande para Dios. Llegamos a ser capaces de comprender cuál es el concepto de grandeza que el Señor aprecia y por consiguiente estamos en condición de agradar al Padre también en esto. Como hemos visto, las ansias de grandeza y el deseo de poder pueden traer consigo muchos males. La historia de la humanidad está llena de casos como estos donde esa sed de poder ha sido el siniestro y oculto motivo para los peores momentos que ha vivido la raza humana.

Las más monstruosas acciones, los engaños y traiciones más viles han sido producto de ese incontrolable y ardiente anhelo de ser servido y poseer el poder. Ese sentimiento se puede convertir en un mal que carcome los huesos, mina la moral y destruye el alma. Es una fuerza avasalladora capaz de despertar las peores pasiones humanas. El relato bíblico nos muestra desde Adán hasta Saúl, y de David a los tiempos de Jesucristo, que el afán por la grandeza ha convertido a reyes nobles en monstruos con corona. Richard J. Foster, hablando sobre esto nos dice: *"El poder tiene consecuencias profundas en nuestro trato interpersonal, social y con Dios. No hay nada que influya en nosotros más profundamente, ya sea para bien o para mal – que el poder"*.[64]

---

[63] Sopena, Frases célebres y citas (Barcelona: Editorial Sopena.1994) 442

[64] Richard J Foster, Dinero, sexo y poder. (Editorial Betania.1989) 145

El modelo humano, en cuanto a esto, es uno poco digno de imitar. En el principio de la historia humana vemos a Adán y a Eva seducidos y engañados con la idea de *"ser como Dios"*, rechazando el enorme privilegio de ser criaturas de Dios. Ellos no valoraron todo lo que eran y todo lo que poseían. Perdieron su mayor riqueza, a saber, su íntima relación con el Señor, y todo por nada.
Y es que las oscuras ambiciones de grandeza terminan siempre rompiendo la comunicación y la amistad. Es triste ver como antiguos amigos destruyen una relación de años, en una ciega pugna por un cargo o una posición ejecutiva. El escritor francés Ernest Renan capturó está verdad en dos simpáticos pensamientos, él dijo: *"Reinos y dineros no quieren nunca compañeros." Y "Habiendo un hueso entre ellos no son amigos dos perros."* [65]

Esta misma lucha por el poder con frecuencia se da en el hogar. El hombre dice que es cabeza del hogar y por tanto, él es quien manda. Y la mujer dice que si el hombre es cabeza ella es el cuello y que la cabeza siempre hace lo que quiere el cuello. Bueno, cuando Dios dice que el hombre es cabeza de la mujer no le está proporcionando al varón una forma de saciar su sed de poder. El es cabeza, este es su ministerio, su responsabilidad, pero debe desarrollarlo a la imagen de Cristo frente a su iglesia, es decir, en una entrega total por su amada, llegando hasta el sacrificio. A la mujer se le pide que se someta a un hombre (no a todos los hombres) que la ha atado con cadenas de amor. Un hombre que la ama como Cristo amó a su iglesia. Aquí no hay lugar para el despotismo, ni para la tiranía del varón. Tom Eisenman, comentando el pasaje de Efesios 5:22 en adelante dice:
No se le dice aquí a la mujer que debe ser obediente a su esposo. *No hay versículo en el Nuevo Testamento que describa la relación de la esposa con el esposo como*

[65] Frases célebres y citas, 398

caracterizada por la obediencia. Pero se le pide a ella que ceda sus poderes a su esposo, quien ya ha cedido sus propios poderes a ella. Es el amor y no el control el asunto central.[66]

Como podemos apreciar, es una entrega de amor que demanda una sujeción por amor. ¿Pero cuál fue la enseñanza de Jesucristo referente al poder y a la grandeza? ¿Coinciden nuestros conceptos con los del Señor? Veamos lo que enseñó a sus discípulos. Los apóstoles, tan humanos como nosotros, al entender de quienes eran ellos discípulos; al pensar en la herencia eterna, les sobrevino la interrogante sobre cuál de ellos sería el mayor en el reino celestial. Esta, sin duda, era una pregunta muy humana. A nadie le interesaba ni le preocupaba quien iba a ser el menor debido a que nos gusta sobresalir y ser los primeros. En el relato de Marcos (9:33-37) se nos dice quc los discípulos callaron cuando el Señor les preguntó sobre el tema de su discusión. Aunque Jesús conocía sus pensamientos esperaba una confesión de ellos. Aquel silencio revelaba la comprensión de que tal actitud no era correcta. Jesús les sorprende al declararles su concepto de grandeza y poder. El les dijo: *"Si alguno quiere ser el primero, que sea el último de todos, y el servidor de todos."*

La grandeza, según Jesús, está determinada por el servicio. Es esa habilidad de servir lo que nos eleva ante Dios, aunque nos humille frente a los hombres. El servicio destruye el orgullo y la vanidad. Jesús nos muestra una manera fresca, nueva, particular y a la vez revolucionaria de mirar la grandeza. Nos dice, *"¿deseas ser grande? pues humíllate y sirve"*, esto *"...porque el que es más pequeño entre vosotros, ése es el más grande."*[67]

---

[66] Tom Eisenman, Tentaciones que enfrentan los hombres. (Editorial Vida, 1990) 153

[67] Lucas 9:48c. (DHH)

¡Vaya paradoja la que se nos presenta aquí! Esto sólo es comprensible mediante la mente de Cristo en nosotros. Si no lo entendemos y lo ponemos en práctica, estaremos luchando por sobresalir y por sentir que tenemos el poder, aunque para lograrlo tengamos que pisar las cabezas de nuestros hermanos y hermanas. Cuidado, recordemos las palabras del escritor español Antonio Gala: *"Al poder le ocurre como al nogal, no deja crecer nada bajo su sombra."*[68]

Los convidados a las bodas.

El evangelio de Lucas es el único que nos narra este incidente, donde los invitados a una boda se peleaban por tomar los lugares más importantes. Jesús al verlos aprovechó la ocasión para enseñar a sus discípulos, diciéndoles:

> *Cuando alguien te invite a una fiesta de bodas, no te sientes en el lugar principal, pues puede llegar otro invitado más importante que tú; y el que los invitó a los dos puede venir a decirte: 'Dale tu lugar a este otro.' Entonces tendrás que ir con vergüenza a ocupar el último asiento. Al contrario, cuando te inviten, siéntate en el último lugar, para que cuando venga el que te invitó, te diga: 'Amigo, pásate a un lugar de más honor.' Así recibirás honores de los que estén sentados contigo a la mesa. Porque el que a sí mismo se engrandece será humillado; y el que se humilla, será engrandecido.*[69]

Cabe señalar que el Maestro no está simplemente impartiendo una lección de urbanidad, cortesía o prudencia; Él comparte un principio fundamental para el reino de los cielos, a saber, la humildad. Los lugares centrales de la mesa se consideraban más honorables,

---

[68] Sopena, Frases célebres y citas. (Barcelona: Sopena, 1994) 540

[69] Lucas 14:7-11

por lo tanto, daba honor estar en ellos. También había lugares intermedios y también los de menor importancia. Por eso si el anfitrión encontraba a un invitado de honor en un puesto inferior, le solicitaba ocupar uno de mayor preferencia. Everett Harrison cita a Plummer, quien nos señala que existe aquí un principio general: *"La humildad es el expediente para obtener ascensos en el reino de Dios"*[70]

Esta verdad es contraria al proceder de nuestra sociedad en la cual se emplean la astucia, la traición y el juego sucio para escalar posiciones de poder. Pero en el reino de Dios no es así, por lo tanto esta no debe ser práctica de los ciudadanos del reino de los cielos. Jesús expone con gracia y maestría las enseñanzas de Proverbios 25:6-7 que dice: *"No te des importancia ante el rey, ni tomes el lugar de la gente importante; vale más que te inviten a subir allí, que ser humillado ante los grandes señores".*

Bengel, citado por Jamieson, hace un interesante señalamiento al decir: *"Ocupar el lugar más bajo es ignominioso sólo al que pretende al más alto". Parece que chocamos de frente con el concepto celestial sobre la grandeza y el honor y cómo conseguirlos. Jesús nos* enseña: *"Porque cualquiera que se enaltece, será humillado; y el que se humilla, será enaltecido"*[71].

Humillémonos y cobremos conciencia del peligro que encierran el orgullo y la arrogancia. Evitemos buscar el reconocimiento público y el promovernos a nosotros mismo y a nuestros ministerios. Dejemos que Dios publique a los hombres lo que nosotros somos en

---

[70] E.F. Harrison, El comentario bíblico Moody. (Editorial Moody, 1971) 121

[71] R. Jamieson, Comentario exegético y explicativo de la Biblia, Tomo II (Casa Bautista de Publicaciones, 1977). 155

secreto. El historiador latino Cursio Rufo Quinto, dijo una vez: *"Los ríos más profundos son siempre los más silenciosos"* [72]

La Petición de Santiago y Juan.

He aquí una situación por demás interesante ya que nos muestra dos ángulos distintos del crecimiento espiritual de los discípulos. El relato lo encontramos en Mateo 20:20-28; Marcos 10:35-45 y Lucas 22:24-30. Nos cuenta la Biblia que Juan y Santiago, apoyados por su madre, le solicitaron al Señor Jesús que les fuera asignado a ellos el privilegio de sentarse uno a su derecha y el otro a su izquierda en el trono celestial. Podríamos preguntarnos cómo es posible que la madre y dos de sus tres discípulos más íntimos se atrevieran a ser tal solicitud, de ocupar los puestos más sobresalientes en el reino, siendo que sus enseñanzas sobre el tema así como su diario ejemplo les advertían sobre actitudes tales. Pero tendríamos que admitir que a casi dos mil años de predicación del evangelio, aún no hemos aprendido a pensar como Jesús piensa sobre la grandeza y la humildad. Aquellas enseñanzas de no tener mayor estima de uno mismo, o la negación del yo y el principio de servir, aún, tristemente aún, no cobran vida en forma total en nosotros y, en su lugar, la naturaleza antigua parece reinar. Repasemos el relato bíblico y enterémonos de primera mano de lo acontecido. Leamos de Mateo 20:20-28:

> *La madre de los hijos de Zebedeo, junto con sus hijos, se acercó a Jesús y se arrodilló delante de él para pedirle un favor. Jesús le preguntó: ¿Qué quieres? Ella le dijo: Manda que en tu reino uno de mis hijos se siente a tu derecha y el otro a tu izquierda. Jesús contestó: Ustedes no saben lo que piden. ¿Acaso pueden beber el trago amargo que voy a beber yo? Ellos dijeron: Podemos. Jesús les respondió: Ustedes*

[72] Frases célebres y citas. 380

beberán este trago amargo, pero el sentarse a mi derecha o a mi izquierda no me corresponde a mí darlo, sino que se les dará a aquellos para quienes mi Padre lo ha preparado. Cuando los otros diez discípulos oyeron esto, se enojaron con los dos hermanos. Pero Jesús los llamó, y les dijo: Como ustedes saben, entre los paganos los jefes gobiernan con tiranía a sus súbditos, y los grandes hacen sentir su autoridad sobre ellos. Pero entre ustedes no debe ser así. Al contrario, el que entre ustedes quiera ser el primero, deberá ser su esclavo. Porque del mismo modo, el Hijo del hombre no vino para que le sirvan, sino para servir y para dar su vida como precio por la libertad de muchos.

Los Boanerges probablemente solicitaron a su madre que hiciera la solicitud, lo que si es seguro es que estaban muy de acuerdo con tal petición. Estos dos hermanos demostrarían más adelante que realmente estaban listos para tomar de la misma copa del Señor, pues Jacobo fue el primero de los apóstoles en morir y su hermano Juan sufrió duramente la persecución contra la iglesia y el destierro, siendo el último de los discípulos en morir.

A pesar de aquella solicitud eran creyentes genuinos y lo más probable es que se hayan arrepentido muchas veces de haber hecho aquel pedido. Es interesante que Jesús no dijo que no les tocaría a ellos esos puestos, sino que eran para aquellos a quienes el Padre había señalado. ¿Ellos quizás? ¿Por qué no? Los demás discípulos se enojaron con los dos hermanos. Obviamente ellos sabían que no era correcta su actitud. Lo que realmente los Boanagers solicitaban era mayor honra, los puestos más importantes después de Jesús. Y como dice G. Hendriksen, *"Ellos olvidan que una oración que pide gloria es una oración que pide sufrimiento".*[73] Por eso Jesús les preguntó si estaban dispuestos a tomar de su copa.

El Señor dijo a sus discípulos: *"entre ustedes no será así"*, haciendo alusión a la forma en que las personas no creyentes actúan. Jesucristo nos dio el ejemplo para que le imitemos y en lugar de anhelar ser grande y de renombre en la tierra debemos procurar serlo para el reino. Jesús dijo: *"Como el Hijo del Hombre no vino para ser servido sino para servir, y dar su vida en rescate por muchos"*. Cabe recordar que Jesucristo no se hace de un nombre y de un reino por sus hazañas, Él ya los tenía. Nuestros héroes surgen de abajo y se hacen de un nombre y piden ser servidos. Nuestro Rey siempre ha sido Rey. Jesús se despojó de su gloria y majestad para salvarnos y enseñarnos a vivir como Él. Contradictorias y difíciles de aceptar debieron parecerles a los discípulos las palabras de Jesús al decirles que el Hijo del Hombre no vino para ser servido sino para servir. Quizás alguno de ellos dijo: *"Espera un momento Maestro, no sabes lo que dices. El Hijo del Hombre es el líder guiador, el general triunfante, es la esperanza de liberación." "El Hijo del Hombre es la grandeza personalizada, ¿cómo nos dice que no viniste para ser servido?" "Es imposible que sufras y que mueras." "Eres la esperanza de Israel y digno de que todos te sirvamos".* Si alguno de sus discípulos dijo algo así tenía toda la razón. Y allí radica la grandeza de nuestro Señor; Él que merecía ser servido vino a servir. ¿Qué en cuanto a usted?

La experiencia con nuestros gobernantes confirman la observación de Jesús, porque nuestros políticos aspiran a posiciones públicas con el aparente fin de servir a su gente, pero una vez en la cumbre de sus cargos, en la

---

[73] G. Hendriksen, El evangelio según San Mateo (Com. Literatura Cristiana, 1986) 785

mayoría de los casos, se trastocan los roles. Se olvidan del pueblo y en lugar de servir piden ser servidos. Pero Jesucristo les dice a sus discípulos, *"entre vosotros no será así"*. Una vez más las doctrinas y normas del reino afloran y son presentadas de manera tierna pero firme por el Rey de los reyes. Otra vez, nuestros conceptos de grandeza se ven sacudidos por los principios del reino de los cielos. *"Si alguno quiere ser el primero, que sea el último de todos, y el servidor de todos."* Esto sólo es completa y cabalmente entendible mediante la mente de Cristo en nosotros. Y al comprenderlo debiéramos, entonces, aspirar a ser grandes en el reino de los cielos. La iglesia necesita tales hombres y tales mujeres.

CAPÍTULO VI

EL TIEMPO Y DIOS

"Todo lo hizo hermoso en su tiempo"
Eclesiástes 3:11

Llegó a nuestra iglesia un domingo en la mañana motivada por una invitación que un miembro de la iglesia había dejado frente a su casa, en una amplia distribución de las mismas que hiciéramos en toda la barriada. Era una joven inteligente, inquieta, inquisidora y con hambre espiritual. Para preservar su anonimato le llamaremos Jessica; ella estaba soltera y desempeñaba un importante cargo en una renombrada empresa de la ciudad. Jessica, que ya había hecho una decisión por Jesucristo, experimentó un rápido crecimiento espiritual y comenzó a tomar las responsabilidades que la iglesia le fue ofreciendo. El énfasis misionero de nuestra congregación era uno marcado y constante, lo cual llevó a esta joven a identificarse y a amar las misiones. Se unió a los grupos de oración por misiones y asistía a las convenciones misioneras participando en cada esfuerzo misionero en que podía estar.

En cierta ocasión la ciudad recibió la visita del barco "Logos" de "Operación Movilización", una organización de carácter misionero que entrena a jóvenes a bordo de sus barcos, mientras visitan los puertos del mundo predicando el evangelio. Le hablamos a Jessica para que cooperara con el esfuerzo siendo parte del equipo de apoyo en tierra, lo cual hizo. Es costumbre de esta

organización reclutar personas en cada puerto que llega. Jessica quiso irse a bordo del Logos.
Muy entusiasmada vino a mí y me dijo: *"Pastor, Dios me está llamando a las misiones y he decidido partir próximamente en el barco Logos."*

Las circunstancias alrededor de nuestra hermana nos hacían pensar que no era el momento apropiado para que ella saliera. Pero la confusión la embargaba, *¿si el Señor le estaba llamando cómo era posible no responder?* Nadie tenía dudas del llamado divino para Jessica, el asunto era cuándo. Sí, ¿cuándo deseaba el Señor que saliera al campo misionero? Nuestra respuesta normal es, inmediatamente porque la necesidad es grande. Sin duda alguna, el Señor nos llama porque el mundo necesita oír del mensaje salvífico de Jesús, pero Él toma tiempo para prepararnos y luego enviarnos. Aún a los discípulos después del tiempo que pasaron con Él y a pesar de la necesidad, les dijo que esperaran en Jerusalén hasta que recibieran el poder divino.

¿Cómo definiría usted el tiempo? Créame no es fácil, pues usamos el tiempo para medir el tiempo. El concepto del tiempo puede parecer abstracto pero el resultado de su paso es por demás concreto. La Biblia nos dice que cada cosa sobre la tierra tiene su momento y su oportunidad para ser realizada. Eclesiástes 3:1 lo expresa exactamente así: *"Todo tiene su tiempo, y todo lo que se quiere debajo del cielo tiene su hora"*. ¡Cuan ciertas, profundas y sabias son estas palabras! Para cada deseo o propósito existe un momento apropiado, en el cual podremos realizar tal sueño. Es como si dijéramos *"a su tiempo maduran las uvas"*. Ni antes ni después, en su momento justo. Esto, sin duda, es parte de lo que Dios nos muestra sobre el tiempo. Por eso debemos preguntarnos ¿es nuestro concepto sobre el tiempo parecido al de Dios? El apóstol

Pedro nos en 2 Pedro. 3:8 que no debemos ignorar que "para el Señor un día es como mil años, y mil años como un día." Aquí se nos habla de la eternidad de Dios quien no está sujeto al tiempo y al espacio como nosotros. Y aquello que nos parece que tarda, ha sido sólo un instante para Él. A través de la mente de Cristo en nosotros podemos comprender esta verdad y así ser bendecidos en la espera y constantes en la esperanza.

Leí una vez lo queun autor desconocido tituló como "Humor celestial, dice así: *Un hombre tratando de entender la naturaleza de Dios, le hizo algunas preguntas: "Señor, ¿cuánto es un millón de años para Ti?" Y Dios contestó, "Un millón de años es como un minuto." Entonces el hombre preguntó, "Señor, ¿cuánto es un millón de dólares para Ti?" Y Dios contestó, "Un millón de dólares es como un centavo." El hombre meditó un momento y preguntó, "Señor, ¿me das un centavo?" Y Dios contestó, "en un minuto."*

Recordemos que el propósito no es tratar de adivinar que irá Dios a realizar, sino abandonarnos en sus manos y a sus planes, en plena certidumbre de fe de que Él tiene el control. Creer que nuestro Dios no cae en crisis y que es sumamente puntual. Él llega en el momento justo, ni antes ni después. Ese es el concepto del tiempo de Dios.

La espera de Israel por el Mesías prometido parecía hablar de olvido de parte del Señor. La práctica de algunos de esperar en cada alumbramiento el ansiado redentor, era una manifestación de su esperanza en medio de la desesperanza de muchos. Pero el apóstol Pablo en Gálatas 4:4 nos expresa sin titubeo alguno y lleno de certidumbre: *"Pero cuando vino el cumplimiento del tiempo, Dios envió a su Hijo, nacido de mujer, y nacido bajo la ley"* . Fue al cumplimiento del tiempo, ni antes ni después. A los ojos de los israelitas había tardanza pero no para el Señor; en Él no hay demoras ni tardanzas, pues para nuestro Señor todas las horas son un eterno presente. Debo decir que Jessica siguió creciendo y madurando y unos años más tarde conoció a un joven que amaba las misiones tanto como ella, se casaron y fueron a España a servir como misioneros. Hoy se preparan para ser misioneros de carrera. Para nosotros que vivimos controlados por el tiempo ha de servirnos de mucho entender el concepto del tiempo de Dios; ignorarlo podría cambiar completamente el plan divino que existe para nuestras vidas. Veamos como la historia de sinceros hombres de Dios estuvo marcada por la observación o ignorancia de esta verdad.

Abraham: Su Llamado y Su Descendencia.

(Esperanza en la desesperanza)

Como a todos los creyentes, el Señor bendijo a Abraham para que fuese de bendición a otros. Él escogió al patriarca por pura y abundante gracia. La descendencia mesiánica desde Adán recayó primero en Sem y siguió hasta Abraham. Cuando Dios lo llamó le prometió hacerle padre de una gran nación. El problema era que este hombre maduro no tenía hijos.

La promesa divina dada al patriarca y, por ende, a Sara su esposa, apuntaba hacia la gran desgracia de aquel rico matrimonio, la ausencia de hijos. Para que lo prometido pudiese cumplirse era necesario quitar la "afrenta" de Sara, a saber, su esterilidad. ¿Pero sería esta improductividad parte del plan divino para Abraham al permitirle casarse con su media hermana? ¿Estaría esto planeado por Dios en su omnisciencia como una forma de mostrar su poder? La esterilidad era tenida como una maldición divina en las sociedades orientales. Sin

duda alguna, esta era una preocupación muy seria para Abraham y Sara.
Podemos ver tres intentos de solucionar la ausencia de herederos. El primero nos parece ser cuando deciden llevar consigo a Lot, el sobrino huérfano, a la tierra que el Señor le mostraría. Pero la orden divina era dejar su lugar de nacimiento y sus familiares. Lo más probable era que pensaran en adoptarlo como su hijo, práctica muy común de aquellos días. Pero este plan parece haber fracasado por la actitud de Lot y su final separación de Abraham y Sara.

El segundo intento lo vemos en la costumbre oriental de adoptar a un siervo nacido en su casa, que fue lo que expresó Abraham al Señor, y lo vemos lamentarse de que esto fuese así. Génesis 15.3-4 registra que Abram dijo: *"Señor y Dios, ¿de qué me sirve que me des recompensa, si tú bien sabes que no tengo hijos? Como no me has dado ningún hijo, el heredero de todo lo que tengo va a ser Eliezer de Damasco, uno de mis criados. El Señor le contestó: Tu heredero va a ser tu propio hijo, y no un extraño"* .
Como vemos, esa posibilidad se viene a abajo al recibir la respuesta divina. Ahora el Señor le especifica que esa gran descendencia será por medio de un hijo suyo, no por uno adoptado. Las palabras divinas dichas al patriarca revivieron sus perdidas esperanzas de un hijo propio.

Veamos el tercer intento. Génesis 12.4 nos dice que cuando Dios llamó a Abraham, éste contaba ya con unos setenta y cinco años de edad. ¿Si el Señor le iba a dar hijos a un hombre de setenta y cinco años, ¿no cree usted que debió ser en el menor tiempo posible? Tal vez si, pero el tiempo de Dios es distinto, es diferente al nuestro. Es un concepto divino y eterno del tiempo que procura madurarnos o prepararnos hasta el instante justo en que estamos realmente listos para vivir ese momento. Pero ya habían transcurrido unos diez años desde la salida de Harán y aunque tenían la promesa divina, el capítulo 16 nos dice que Sara continuaba estéril. Por esto Sara se desesperó y como muchos de nosotros comenzó a darle ideas al Altísimo, proporcionándole la ayuda que a su juicio necesitaba. Tal como nosotros nos desesperamos al ver pasar el tiempo y aquello que anhelamos y que en algunos casos el Señor nos ha prometido, no llega.

Entendemos que hemos esperado lo suficiente y creemos que si Dios va actuar debe hacerlo en ese mismo instante. Y decimos: "Si realmente lo va a hacer, este es el momento. Ya no tengo más fuerzas. No puedo esperar más". Y como vemos que a pesar de esperar nada sucede, empezamos a resolverlo por nosotros mismos en un intento de ayudar al Señor. ¿No es cierto que así nos comportamos, tal y como le pasó a Sara? Tal vez lo planteó más o menos así: *"Bueno Abraham, Dios te dijo que tendrías descendencia por medio de un hijo tuyo, pero nada dijo de mí." "Debe ser que será un hijo que tu engendres y que legalmente sea nuestro" y dando un grito de alegría exclamó: "¡Por su puesto! Ahora lo veo claro." "Ya lo tengo, ya lo tengo". "¿De que estás hablando mujer?", habrá dicho Abraham, un tanto sobresaltado. Ella con brillo en sus ojos y una expresión de alegría en su rostro le dijo: "Recuerda a Agar, mi esclava. Ella puede darte un hijo. Si te llegas a ella, Agar concebirá y su hijo será mío, es la ley." "Esta debe ser la forma en que el Señor tiene para darnos herencia". "Vamos a hacerlo", habrán dicho muy entusiasmados.*

Tal vez no ocurrió exactamente así, pero fue algo parecido. El resto de la historia es conocida. Abraham se llegó a la esclava Agar y ésta concibió . Y desde aquel mismo momento esa premura comenzó a dar problemas. Agar miraba ahora con desprecio a Sara, lo cual la llevó a ésta a sentir celos de su esclava. La situación empeoró cuando Agar dio a luz a Ismael y aquel niño, sin duda alguna, robó el corazón de su anciano padre. El conflicto en el hogar fue tan grave que finalmente Abraham tuvo que echar a Agar y a su hijo de la casa.

Abraham y Sara se desesperaron y trataron de ayudar a Dios. Pero aquel no era ni el tiempo ni el plan divino. Lo mismo nos ocurre hoy, cuando en nuestra impaciencia buscamos opciones que a nuestro juicio son excelentes pero que no forman parte del plan divino. No resultarán, créalo, no resultarán. Bueno, algo resultará pero aquel producto final no será la exacta y excelente voluntad de Dios. De aquella unión nació Ismael, quién llegó a ser el padre de los ismaelitas, el poderoso mundo árabe. A través de los años la rivalidad de los árabes y judíos ha cobrado cientos de miles de vidas humanas en distintas guerras. Y en una histórica mezcla de aspectos políticos, religiosos, económicos y militares el llamado *"mundo cristiano"* se enfrentó al *"mundo musulmán"*, en una sangrienta guerra conocida como "*las Cruzadas*". Era la cruz contra la media luna. Tristemente el odio y derramamiento de sangre entre judíos y árabes sigue día a día. Todo un conflicto internacional que mantiene el Medio Oriente como una bomba de tiempo, creado por la impaciencia de una pareja. Pero no sólo los aspectos político-religiosos y estrictamente humanos se dan aquí, sino también un conflicto espiritual tan real y serio como el otro.

La religión del pueblo árabe es el Islam que hoy constituye el gran bastión de los enemigos del evangelio de Jesucristo. En muchos lugares donde el evangelio fue sembrado y eran puntales del cristianismo, hoy son fortalezas del Islamismo y predicar de Jesús es un delito. Las siete iglesias mencionadas al inicio del Apocalipsis constituyen un ejemplo de lo anteriormente dicho. Aquellas iglesias estaban en el Asia Menor, zona que en el año 1071 fue conquistada por los turcos Seljuk, convertidos al Islam. Asia Menor es hoy Turquía.[74] Al observar todo este cuadro nos percatamos de la importancia de permanecer o movernos en el tiempo de Dios.

El nacimiento de Isaac no sucedió sino hasta que fueron vencidas todas las posibilidades humanas

Para cuando nació Ismael Abraham tenía 86 años y unos diez años menos tendría Sara. El capítulo diecisiete de Génesis nos dice que no fue sino trece años después del nacimiento de Ismael, que el Señor volvió a hablar con Abraham sobre el heredero. En esta ocasión le promete y le especifica que le dará un hijo de su matrimonio, es decir, un hijo de él y Sara. Y nos preguntamos ¿por qué tanto tiempo después? ¿Se retrasó el plan divino por la acción precipitada de este matrimonio? ¿Podemos nosotros, con nuestro apresuramiento para que Dios obre, detener o retrasar su manifestación? Lo cierto es que hubo unos trece años de silencio divino sobre el tema. El Señor esperó hasta consumir todas las alternativas que Abraham y Sara tenían. La última esperanza era Ismael y le fue indicado que la promesa de descendencia le vendría por un hijo de ambos. El nacimiento de Isaac no sucedió sino hasta que fueron vencidas todas las posibilidades humanas.

Cuando ya era sencillamente imposible, entonces el Señor le dijo al patriarca que Sara concebiría; y con esto echaba por tierra el tercer intento de resolver el problema. Exactamente veinticinco años después de la primera promesa. ¡Increíble! Ese es nuestro Dios.

---

[74] Islam, un llamado al arrepentimiento (Managua : Acción Misionera) 10.

Abraham no creyó lo que estaba oyendo y hasta se rió y rogó que se le diese la bendición a Ismael. El Señor tuvo que insistirle sobre su plan. Veamos el relato bíblico. en Génesis 17:15-21:

> *También Dios le dijo a Abraham: Tu esposa Sarai ya no se va a llamar así. De ahora en adelante se llamará Sara. La voy a bendecir, y te daré un hijo por medio de ella. Sí, voy a bendecirla. Ella será la madre de muchas naciones, y sus descendientes serán reyes de pueblos. Abraham se inclinó hasta tocar el suelo con la frente, y se rió, mientras pensaba: "¿Acaso un hombre de cien años puede ser padre? ¿Y Acaso Sara va tener un hijo a los noventa años?" Entonces le dijo a Dios: ¡Ojalá Ismael pueda vivir con tu bendición! Y Dios le contestó: Lo que yo he dicho es que tu esposa Sara te dará un hijo, y tú le pondrá por nombre Isaac. Con él confirmaré mi pacto, el cual mantendré para siempre con sus descendientes. En cuanto a Ismael, también te he oído, y voy a bendecirlo; haré que tenga muchos hijos y que aumente sus descendientes. ...Pero mi pacto lo mantendré con Isaac, el hijo que Sara te va a dar dentro de un año, por estos días.*

Junto con esta promesa, el Señor cambió el nombre de ambos, a Abraham y a Sara, porque serían padres de multitudes. Sara tampoco le creyó a Dios y al igual que su medio hermano y esposo se rió de la promesa divina, al pensar que a su edad ya no era posible concebir. Es como si estuviera diciendo: *"Dios llegaste tarde; esta vez se te hizo muy tarde."* Pero para nuestro Señor no hay nada imposible.

Tal y como se le había dicho, Sara concibió y dio a luz a Isaac, cuyo nombre, significa risa. Veinticinco años después, vencida toda oposición, Dios lo hizo. Él no necesita nuestra ayuda, sólo pide nuestra confianza. No solicita nuestra cooperación, sino nuestra paciencia. ¿Lo hará usted? ¿En su espera por lo que el Señor le prometió le quedan alternativas humanas? Es decir, ¿le está dando ideas a Dios? En mi propia experiencia siempre que señalo alguna puerta como salida, el Señor siempre abre otra.

Mediante la mente de Cristo en nosotros podemos entender el concepto divino del tiempo y logramos mantener la confianza en medio de la desesperanza. La fe nos convierte en niños que confían en su poderoso y amante Padre, pues vamos tomados de su mano. Somos capacitados para esperar aún cuando parece que vamos a desesperar. Nuestro Padre celestial nunca nos dará una piedra si pedimos pan, o una serpiente cuando estamos pidiendo pescado. Vamos a esperar en nuestro Señor. Y como niños podemos recordar aquel canto infantil que dice:

Cuando oro a veces Dios dice sí. Cuando oro a veces Dios dice espera, y a veces dice no, y es por causa de su amor pero siempre Dios contesta mi oración.

Moisés: Su Cetro y Su Vara

Moisés es una, sino la más destacada figura del Antiguo Testamento. El texto sagrado nos lo presenta como líder, príncipe, pastor de ovejas, patriarca, libertador, juez, legislador, gobernador, conquistador, estratega militar, héroe nacional, profeta, sacerdote, compositor de salmos, escritor bíblico, y como el hombre más manso del mundo.

La vida de Moisés transcurrió por senderos tan disímiles como el palacio real y el ardiente desierto. Toda su historia se puede dividir en tres períodos de cuarenta años cada uno. El primero como príncipe de Egipto en casa de faraón. El segundo, cuarenta años en el desierto de Madián como pastor de ovejas, y el tercero, otros cuarenta años de ministerio activo como libertador y líder del pueblo de Israel.

Es sumamente interesante y revelador el concepto del tiempo, pues Dios se tomó ochenta años preparando a Moisés para usarlo unos cuarenta años. Cuando leemos de todo lo que este hombre hizo para su Señor, sus hazañas, sus pasos de fe y su inquebrantable sujeción a la voluntad divina, vemos y comprendemos que fue un hombre preparado sin prisa, forjado en el fuego lento de la paciencia divina.

En Deuteronomio 34:7,10-12 se nos dice de Moisés:

> *Murió a los ciento veinte años de edad, habiendo conservado hasta su muerte buena vista y buena salud. ...Sin embargo, nunca más hubo en Israel otro profeta como Moisés, con quién el Señor hablara cara a cara, o que hiciera todos los prodigios y maravillas que el Señor le mando hacer contra el faraón, sus funcionarios y todo el país, o que le igualara en poder y en los hechos grandes e importantes que hizo a la vista de todo Israel.*

Veamos en detalles esos tres períodos de la vida de este hombre y que lección divina aprendió en cada uno.

<u>Cuarenta Años en Casa de Faraón</u>

Siendo José el segundo después de faraón, los hebreos llegaron a Egipto en paz, como una gran familia; eran poco más de setenta y seis personas.[75] Tal como el Señor le había dicho a Jacob, los hebreos se multiplicaron en gran manera, llegando a ser más numerosos que los propios egipcios. En palabras bíblicas de Éxodo 1.7: *"El país estaba lleno de ellos"*.

El rey de Egipto en aquellos días era uno que "no había conocido a José", éste se alarmó y propuso tomar

75 Génesis 46:26

medidas en pro de la seguridad de su nación y fue así que comenzaron a maltratar y subyugar a los hebreos hasta convertirlos en esclavos. Pero este pueblo seguía reproduciéndose peligrosamente. Decretaron entonces que cada niño hebreo que naciera debía morir, dejando vivir sólo las niñas.

El libro de los Hebreos en su capítulo once nos dice que fue mediante la fe que los padres de Moisés rehusaron cumplir el decreto real y decidieron tratar de preservar la vida de su recién nacido colocándolo en una canasta y echándole al río. Su fe fue premiada pues, providencialmente el niño fue sacado del agua, adoptado por la hermana del rey y su propia madre (la de Moisés) es llamada para alimentarlo y cuidarlo.

Este fue un período de un aprendizaje doble, pues fue instruido tanto en la fe de sus padres como en la vida de palacio. Su madre le compartió sobre su Dios, su raza y las divinas promesas que tenían, de tal suerte, que el pequeño Moisés creció conociendo al Dios verdadero. Por otro lado, obtuvo también la preparación y educación real. Esto le daba acceso a lo mejor del conocimiento de la época. Las ciencias, las artes y la guerra. El entrenamiento militar, las técnicas y las estrategias de hacer la guerra, eran sin duda parte de la formación de un príncipe, en un tiempo en que la guerra era una forma de vida.

Aquellos primeros cuarenta años dan como producto a un hombre fuerte, robusto y saludable. Educado con el más alto esmero, como correspondía a un príncipe; diestro en la guerra y en el arte de gobernar. Pero también tenemos a un hombre conocedor de sus raíces y su cultura. Un creyente del Dios de Abraham, de Isaac y Jacob. Un hombre dispuesto a oír la voz del Señor. Moisés se identificó con los oprimidos, más que con los opresores.

No debemos suponer que Moisés creció ignorando quién era y a qué raza pertenecía. Por el contrario, es muy probable que sus padres le hayan transmitido la idea de que tal vez él era el que Dios levantaría para liberar a su pueblo. De lo que no hay dudas es de que a sus cuarenta años Moisés sabía que él era el elegido para la liberación de su pueblo, y parece que intenta entonces hacerlo por sus propios medios y mató al egipcio que golpeaba a un hebreo, sintiéndose, tal vez, mesías, paladín o superhéroe. La Biblia dice Hechos 7:25: *"Y es que Moisés pensaba que sus hermanos los israelitas se darían cuenta de que por medio de él Dios iba a libertarlos; pero ellos no se dieron cuenta."*

Moisés recibió el rechazo de su propio pueblo y comenzó a comprender lo *"imposible"* de aquella tarea, así como lo difícil y contradictorio de aquel pueblo. Decepcionado, triste y profundamente abrumado huye al desierto.
¿Cuáles pensamientos le acompañarían en aquel largo y difícil camino? ¿Realmente le había llamado Dios para esa tarea? Si fuese así, ¿por qué tuvo que perder su distinguida y privilegiada posición en la sociedad egipcia? ¿Acaso no sería más fácil lograr su cometido mediante la influencia que tenía en Egipto y con el rey? ¿Cómo es que su pueblo no podía comprender su misión? ¿Cómo es que no podían ver el alto sacrificio al cual él llegaba por ellos? Si pensó esto y algo más no lo sabemos, pero cualquier mortal lo hubiera hecho.

Cuarenta Años en el Desierto de Madián

Ahora como prófugo de la ley, Moisés huye de Egipto y se refugia entre los madianitas, quienes eran descendientes de Abraham y adoraban al Dios verdadero. Jetro era sacerdote y gobernador de aquella región.[76]
Moisés auxilio a las hijas de Jetro que se encontraron con

[76] Guthrie, 105. Génesis 25.1

unos pastores hostiles. Una vez más Moisés actúa para socorrer al débil y oprimido. Es así que llega a casa de Jetro y conviene en vivir con esta familia. Se casó con una de sus hijas y tuvo dos hijos con ella. Cuán difíciles debieron ser esos primeros años en aquella tierra extraña. Tal vez a la puerta de su tienda o mientras velaba su rebaño, vendría a su memoria su tiempo en casa de faraón. Ya no tenía sus adornos y vestimentas reales, pero sus recuerdos están frescos en su mente. Cuánto le habrá costado adaptarse a su nueva y diferente vida. Extrañaría las veladas egipcias y sus ricos manjares. Los pasillos, los salones y las habitaciones del palacio. De todo eso se había desprendido por su divina vocación, y tal vez se preguntaba ¿para qué? Con el paso de los años Moisés fue, tal vez, olvidando aquella vida, aquellos pueblos y aquel llamado.

Aunque el Señor había llamado a Moisés poniendo en su corazón la profunda carga de su pueblo vilmente esclavizado, y a pesar de la alta educación egipcia que recibió, éste no estaba preparado para el plan divino. Nuestro paciente Señor se tomó o esperó todo el tiempo que Moisés necesitó para estar listo. ¿Pero acaso el pueblo no estaba sufriendo? ¿Es que no veía Dios su aflicción? Sin duda alguna sí, pero el Señor no envió a su libertador hasta el cumplimiento del tiempo. Usó el exilio en Madián para formar a un hombre a su medida exacta.

¿Qué aprendió Moisés? Desde que inició su travesía, creo que el Señor le quebrantó completamente. Le quitó sus ropas reales, sus servidores, y su "cetro" (señal de autoridad como príncipe). Llenó su cara de la arena del desierto e hizo que sintiera el sol abrasador en su cuerpo y la taladrante sed en su garganta. Aquel fugitivo no tuvo más que confiar en su Dios. Su orgullo y autosuficiencia quedaron sepultados en las candentes arenas del desierto. El Señor le enseñó a depender de Él. Moisés conoció además, la paciencia, el cuidado y el esmero que viene con el pastoreo de ovejas. En la soledad de las montañas y praderas el Señor le enseñó lo que le era imposible aprender en el palacio real. Dios le preparaba para lidiar con un pueblo, el cual Él mismo calificó como "tercos". Moisés llegó a conocer muy bien toda aquella zona que rodeaba el golfo de Akaba, por la cual guiaría al pueblo años más tarde. El Señor tomó al príncipe y lo convirtió en pastor. En lugar de palacio, le dio las montañas de un estéril desierto. Le cambió sus prendas reales por una vara, un bordón de pastor, y tomó al violento hebreo y lo convirtió en *"el hombre más manso del mundo"*. Ahora estaba listo para la difícil tarea y recibió un llamado directo a la misión, justo cuarenta años después.

Cuarenta Años de Ministerio Activo

El capítulo 3 del Éxodo nos cuenta del llamado formal o directo que El Señor le hizo a Moisés. Se le aparece en medio de un arbusto que aunque estaba envuelto en llamas no se consumía. Cuando Dios se le revela y le comunica su intención de enviarlo a Egipto para liberar a Israel, era de esperarse una respuesta positiva y llena de entusiasmo de parte de Moisés, dado su antiguo fervor patriótico que había mostrado. Sin embargo, cuando el Señor le confronta con su llamado, encontramos ahora a un hombre que se cree incapaz de realizar tal tarea y que tiembla sólo de pensarlo. Actitud ésta que nos dice que realmente estaba listo. Por lo general es buena señal, cuando frente al llamado de divino nos sobrecogen los sentimientos de temor y de impotencia, pues nos conducen a una total dependencia de Él, lo cual es su fin. Moisés presentó sus mejores excusas al Señor y una a una le fue rebatida. Los capítulos tres y cuatro nos narran la historia. Moisés dijo al Señor: "¿Y quién soy yo para presentarme ante el faraón y sacar de Egipto a los israelitas? Como respuesta Dios le promete que estaría con él y que sacaría al pueblo y podrían adorarle en ese mismo monte. Contemplamos ahora a un nuevo Moisés. Un hombre que se sabe sin recursos propios. Es a este hombre a quién el Señor usa poderosamente para liberar su pueblo de la esclavitud.

El ministerio de Moisés estuvo lleno de portentos y milagros obrados por la mano de Dios a favor de su pueblo y por la directa intervención de Moisés. Recordamos las plagas en Egipto, el paso por el Mar Rojo, la piedra que les dio agua, la columna de fuego que le guiaba de noche y la nube de día. Fue a Moisés a quién el Señor le entregó las tablas de la Ley escritas con su propio dedo.

Moisés fue sin duda el forjador de la nación de Israel. Este pueblo nunca había vivido como una nación en propiedad, pues le había faltado el tiempo y la ocasión. Su relación era más familiar que nacional, de hecho, en los primeros versos del libro de Éxodo, este pueblo sólo es conocido como "los hijos de Israel". Al ser marginados y esclavizados se hizo más patente su clase o nacionalidad. Eran distintos, ellos eran israelitas; los distinguía su raza, su historia, su fe, su sufrimiento. Pero es extraordinaria la transformación que se da en aquella peregrinación del pueblo hebreo. Moisés saca de la esclavitud de Egipto a un grupo pobremente organizado, pero Dios los toma y los hace un verdadero pueblo.

En el Sinaí el Señor les da una constitución que los regiría como nación. Les dio mandamientos y ordenanzas que marcarían la vida de cada ciudadano. Recibieron un código de ética, leyes morales y cívicas. Les impuso un sistema judicial. Les presentó leyes sobre los esclavos; leyes sobre los actos de violencia; leyes sobre la responsabilidad de amos y dueños; leyes sobre la restitución; leyes humanitarias. Les señaló su religión y cómo practicarla; como ser fieles a Dios mediante sus principios fundamentales. También señalo cuáles serían sus fiestas sagradas, el lugar de adoración y reunión. Se nombraron sacerdotes y se les dio ceremonias para que las practicaran y fuesen tradición de generación en generación. Indudablemente les dio sentido de pertenencia, los hizo un pueblo, les organizó un ejército y les dio un Rey.

Grande y extraordinaria fue la labor desempeñada por Moisés para la gloria de Dios y provecho de su pueblo Israel. ¿Por qué no lo hizo antes? Lo hizo justo a su tiempo. La mente de Cristo en nosotros nos permite comprender esto. Viene a mi mente los casos de hermanos y hermanas que han sido llamados y llamadas por el Señor a distintos ministerios. Algunas de estas personas fueron usadas inmediatamente, pero otras no salieron a sus labores, sino tres, cuatro, cinco años después de su llamado. Tal vez depende de las personas y del ministerio para el cual fueron divinamente escogidas. Ese es el concepto divino del tiempo, hay bienaventuranza en entenderlo.

David: la Espera de un Rey

David, el segundo rey de Israel fue un hombre extraordinario. De reconocido valor, ingenioso, líder nato, justo, temeroso del Señor, pastor, arpista, cantante, salmista, profeta, y un hombre conforme al corazón de Dios. Es a él a quién Dios le promete un reinado eterno a través de su descendencia que llega hasta Jesucristo, Rey de reyes y Señor de señores. El humilde pastor hijo de Isaí fue, sin lugar a dudas, un hombre muy superior a su época y a sus contemporáneos, y el más importante rey de todo Israel. Es de tal trascendencia su vida en la historia hebrea, y gracias a las promesas mesiánicas, que en tiempo de Jesús el título *"Hijo de David"* llegó a ser similar al de "Mesías". El escritor y ex-presidente de República Dominicana, Juan Bosch, en su obra David, Biografía de un Rey, resume así su agitada y singular vida: *"...David ben Isaí (su nombre hebreo), que de pastor de ovejas pasó a capitán y yerno del rey Saúl, de ahí a fugitivo, a jefe de banda, a aliado y vasallo de los filisteos, a rey de Judá y de Israel, a conquistador de Jerusalén y vencedor de pueblos, y por último, a personaje de tan gran valía histórica que mil años después de haber muerto, su nombre sería usado por Jesucristo, que iba a hacerse llamar el Hijo de David."*[77]

En verdad Jesús no utilizó ese título para sí mismo, siempre utilizó "El Hijo del Hombre", pero sí recibió con agrado el título de Hijo de David con que otros le llamaron.

El "dulce cantor de Israel" fue otra figura que tuvo que aprender el concepto del tiempo de Dios. Mirando retrospectivamente el Salmo 78 cuenta los cuidados divinos, a través de la historia, para con todo Israel y dice: *"Escogió a su siervo David, el que era pastor de ovejas; lo quitó de andar tras los rebaños, para que fuera pastor de Israel. Y David cuidó del pueblo de Dios; los cuidó y los dirigió con mano hábil y corazón sincero."*

Pero ¿que tiempo pasó desde que fue ungido para reinar hasta que ocupó tal posición? ¿Consideraría usted que siendo ésta la voluntad divina, el trayecto histórico hasta su proclamación real tendría que haber sido diáfano, apacible, y de aceptación popular? Pero no fue de ese modo. El arpista del rey siendo fiel a su llamado, no

---

[77] Juan Bosch, David, biografía de un rey (Santo Domingo: Alfa y Omega, 1994) 13

tomó como asunto suyo el hacer cumplir las promesas recibidas, sino que esperó hasta que el Señor lo creyera prudente, aunque tal espera fuera un martirio que tuvo nombre y apellido, se llamó Saúl ben Cis. La narración bíblica sobre la vida de los primeros dos reyes de Israel es un tanto complicada. Las historias parecen repetirse y es difícil precisar fechas. De todas maneras, intentemos ver, brevemente, la historia de David.

De Pastor de Ovejas a Yerno del Rey

David era nieto de Booz y Rut la moabita, y fue el último de los ocho hijos que tuvo Isaí. Vivían en la región de Belén, en las tierras que habitaban los miembros de la tribu de Judá. Desde muy niño estuvo en el campo cuidando las ovejas de su padre. David debió tener unos dieciocho o veinte años cuando fue llamado por Saúl para que le aliviara con su música. Si esto es cierto, debió ser ungido por Samuel entre los doce y los dieciocho años. El dato se desprende del temor que expresa Samuel cuando el Señor le envía a Belén para ungir al futuro rey, y manifiesta que si Saúl se entera de su propósito le mataría. Dicho temor se comprende después que el profeta ha roto sus relaciones con el rey, porque éste último ha sido desechado completamente por el Señor, lo que debe haber ocurrido en el segundo decenio de su reinado de cuarenta años.[78]

Hay que subrayar que después de ser ungido la Escritura dice de David en 1 Samuel16:3: *"A partir de aquel momento, el espíritu del Señor se apoderó de él."* Es muy probable que los hermanos de David no comprendieran el significado, por tanto, tampoco la magnitud ni el alcance de aquel acto de unción al que fue sometido David. Ya en casa del rey, porque Saúl no tenía un palacio ni una corte en verdad, David comenzó a destacarse y pronto pasó

[78] Op. Cit; J. Bosch, 65

a ser, no sólo el músico del rey, sino su paje de arma. Su carrera hacia la cima fue vertiginosa; aquel arpista del rey se muestra como hombre valeroso y de firme confianza en el Dios de Israel. El Señor le ha ido elevando de pastor a héroe nacional y como unos de los capitanes de la guardia del rey.

David, sin duda alguna, es consciente del propósito divino al irlo formando para ser el futuro rey de Israel. Hasta ahora todo va a pedir de boca, pero pronto iniciaron los inconvenientes. Motivado o no por comentarios o actitudes de David, el rey comienza a llenarse de celos y a ver en su joven capitán una seria amenaza para su reinado, agravada la situación por la sincera e íntima amistad de David con Jonatán, el heredero al trono. En una rara jugada, Saúl le ofrece a David a su hija mayor en matrimonio, lo cual es rechazado por éste al no considerarse digno. Sin embargo, algún tiempo después David se enamora de Mical, con quién llegó a casarse y así se convierte en yerno del rey. Así como el espíritu de Dios estaba con David y éste ascendía y brillaba como lumbrera de esperanza, en la misma medida Saúl era abandonado por el Señor, y el rey iba empeorando en sus celos hacia el hijo de Isaí.

De Yerno del Rey a Fugitivo Real

David era joven, apuesto, valiente, inteligente, con una ágil intuición que le permitía tomar decisiones rápidas y acertadas. Además, querido por el pueblo, estimado por los servidores reales, yerno del rey y amigo íntimo del príncipe heredero. Pero el elemento más significativo era que Saúl sabía que Dios estaba con David y le prosperaba en todo lo que hacía, por eso le temía. La suma de los atributos que exhibía David daba como resultado final el celo real. Según la narración bíblica, todo empezó o se hizo público cuando al regresar de la batalla en la cual

David mató a Goliat, las mujeres del pueblo recibieron a los hombres de guerra cantando y bailando. La Biblia, en 1 Samuel 18:7-9 lo narra así: *"Y mientras cantaban y bailaban, las mujeres repetían: Mil hombres mató Saúl y diez mil mató David. Esto molestó mucho a Saúl, y muy enojado dijo: A David le atribuyen la muerte de diez mil hombres, y a mí únicamente la de mil. ¡Ya sólo falta que lo hagan rey! A partir de entonces, Saúl miraba a David con recelo."*

Esta alegre imprudencia de las mujeres fue un detonante para los celos de aquél, ya sexagenario rey. Es curioso que aún las posiciones de ascenso y de privilegio que obtuvo David, más que por el reconocimiento de su valía, las obtuvo por los celos y el temor que le inspiraba al rey. Por ejemplo, cuando Saúl le colocó al frente de un batallón lo hizo para alejarlo de él y tenerlo ocupado en los asuntos de la guerra y sin duda alguna, porque esta posición lo exponía más al combate con el enemigo. Fue por esta razón que se inventó el hacerlo su yerno y le dijo a David: *"Te voy a dar como esposa a Merab, mi hija mayor, con la condición de que me seas un guerrero valiente y pelees las batallas del Señor. Saúl pensaba que no necesitaba matarlo él personalmente, sino que de ello se encargarían los filisteos."* [79]

Como podemos ver en la narrativa bíblica, Saúl no tenía ninguna intención de que David llegara a ser su yerno, de hecho, David era ya un guerrero valiente, Saúl sólo procuraba disimular su odio y provocar su muerte. Llegado el tiempo de dar a David su hija en matrimonio, se la concedió a otra persona.

Cuando el rey se entera que Mical, su otra hija, estaba interesada en David, trató también de sacarle provecho a

[79] 1Samuel 18:17

esto y se la ofreció a David por mujer y le pidió como dote, o compensación por la esposa, que matara cien filisteos y le trajera sus prepucios. Declarándonos la Escritura lo que había en su corazón; nos dice en 1Samuel 18:25, que esto era *"con la intención de que David cayera en manos de los filisteos."*

Pero el nieto de Rut la moabita, no sólo cumplió el pedido real, sino que lo duplicó habiendo circuncidado a doscientos de sus enemigos ya muertos. El rey no tuvo más salida que entregar a su hija a su odiado capitán. Como dice Bosch, ese fue el momento que Saúl debió aprovechar para detener su animosidad contra David, y reconocer el valor de su joven y prometedor yerno pero,

> *..... he aquí que un hombre abandonado a sus pasiones es más esclavo de ellas cuanto mayor es el poder que ejerce sobre otros hombres, pues no está hecho en contenerse en mandar y no puede contenerse en sentir. Saúl era esclavo de sus celos; se había desatado en él un monstruo y no podía detenerlo.*[80]

Según el relato bíblico Saúl intentó en dos ocasiones atravesar con su lanza a David mientras éste tocaba el arpa. Otro intento de quitarle la vida fue cuando le mandó a matar en el mismo lecho que David compartía con la princesa Mical, quién avisándole del peligro pudo salvar la vida de su esposo. David comprendió el terrible peligro que corría y huyó de la presencia del rey. Este será el inicio de una larga y vergonzosa casería que el enloquecido y embrutecido rey desatará sobre quién sería su sucesor y el más destacado rey en toda la historia de Israel. El orgullo de Saúl mezclado con su poder fue una combinación fatal para el primer rey de Israel. Esto debe servirnos de ejemplo para no tiranizar a los que

---

[80] Op.Cit; J. Bosch, 95

están bajo nuestra autoridad. El líder no puede perder la perspectiva de quién es en verdad y por qué está donde se encuentra. Es simplemente un servidor. R. Foster dice:

> *"El orgullo nos hace creer que tenemos razón, y el poder nos otorga la capacidad de obligar a la demás gente a aceptar nuestra visión de lo correcto. El matrimonio entre el orgullo y el poder nos coloca al borde mismo de lo demoníaco."* [81]

De Fugitivo a Rey de Todo Israel

La importancia de que el hijo de Isaí entendiera y esperara con paciencia el tiempo de Dios, así como el cuidado providencial sobre éste, se perciben en forma muy especial y particular en este trozo de su vida. Serían tres o cuatro años de una vida desgraciada, en la cual, hasta tuvo que hacerse pasar por loco para continuar viviendo. Huyendo de aquí para allá, sin un lugar fijo donde morar. Escondiéndose en cuevas, desiertos y montañas con la agonía y zozobra del que teme ser hallado y no puede acomodarse en lugar alguno, porque cuando estaba lográndolo tenía que mudarse, pues había sido localizado por sus enemigos. La mayor parte del tiempo no estuvo huyendo sólo, sino con su *"banda"* de seiscientos hombres y las familias de éstos. La fe de David fue probada en múltiples formas. Su temple fue formado y curtido al sol. Dios se hacía de un rey sin prisa alguna, se tomó el tiempo que consideró necesario.

David huye de Saúl y se refugia por un tiempo con Samuel en Ramá. Allí el Señor le protege haciendo que los soldados que venían por él y aún el propio rey, caigan en trance profético. En su huida David fue a ver al sacerdote Ahimelec, a quién le mintió escondiéndole la razón de su presencia, logrando que le ayudara en su huida. Esto

---

[81] Richard Foster. Dinero, sexo y poder (Caparra Terrace, P.R.: Editorial Betania, 1989) 145

iba a causar la muerte de Ahimelec y de ochenta y cinco de sus sacerdotes, con sus familias. Sólo Abiatar, hijo de Ahimelec salvó su vida y fue y se unió a David.

A la cueva de Adulam había ido David a refugiarse y allí llegaron sus parientes y amigos, pero no sólo ellos, si no que "también se le unieron todos los oprimidos, todos los que tenían deudas y todos los descontentos, y David llegó a ser su capitán. Los que andaban con él eran como cuatrocientos hombres."[82] Así se convirtió muestro personaje en jefe de una banda que lucharía para mantenerse con vida, y esto, sin duda, fue parte del cuidado providencial de Dios para David. Aquel ejército llegó a tener unos seiscientos hombres. Fueron los mismos actos del celoso rey Saúl los que se encargaron de ir labrando y exaltando la figura del nieto de la moabita. A medida que Saúl persigue y acosa a David y aún mata por sus celos, va descalificándose como rey y con su propia lanza asesina, apunta y señala al futuro rey de Israel.

No es descabellado pensar que Saúl ya sabía que el Señor había dispuesto a David como su sucesor en lugar de Jonatán su hijo, y que éste último así lo había aceptado. Fue ese mismo conocimiento lo que le hizo arreciar su persecución. La Biblia narra el encuentro de David y Jonatán y la singular declaración del príncipe heredero, quién había comprendido el plan divino, y fue para animar a su perseguido amigo. 1 Samuel 23.17 registra que Jonatan dijo: *"No engas miedo, porque Saúl mi padre no podrá encontrarte. Tú llegarás a ser rey de Israel, y yo seré el segundo en importancia. Esto, hasta Saúl mi padre lo sabe."*

Tal y como lo había expresado Jonatán, Dios estaba cuidando a David de caer en las manos de su perseguidor

---

[82] 1 Samuel 22.2

y siempre supo librarle del enemigo. En 1Samuel 23:26-28 nos dice que Saúl y sus tropas habían rodeado a David y éste esta a punto de caer en manos de Saúl, cuando un mensaje llegó con la noticia de que los filisteos habían invadido a Israel y el rey tuvo que abandonar su persecución e ir a luchar con sus enemigos. Dios cuidó y prosperó a David.

El relato bíblico nos da cuenta de que en dos ocasiones Saúl estuvo a merced de David, pero éste se cuidó de tocar al rey. Veamos uno de esos episodios. Éste se desarrolla en la región de En-gadi. Veamos la narración bíblica en 1 Samuel 24:2-6:

> *Entonces Saúl escogió a tres mil hombres de todo Israel y fue a buscar a David y sus hombres por las peñas más escarpadas. En su camino llegó a unos rediles de ovejas, cerca de los cuales había una cueva en la estaban escondidos David y sus hombres. Saúl se metió en ella para hacer sus necesidades, y los hombres de David le dijeron a éste: - Hoy se cumple la promesa que te hizo el Señor de que pondría en tus manos a tu enemigo. Haz con él lo que mejor te parezca. Entonces David se levantó. Y con mucha precaución cortó un pedazo de la capa de Saúl; pero después de hacerlo le remordió la conciencia, y les dijo a sus hombres: -¡El Señor me libre de alzar mi mano contra mi señor el rey! ¡Si él es rey, es porque el Señor lo ha escogido!*

Trate de recrear el momento en su mente. Su peor enemigo, quién le busca para matarle, cae en sus manos; está a su merced. Sus amigos le dicen que aquello es la obra de Dios, cumpliendo sus promesas de entregarle al enemigo. Usted es consciente que las promesas divinas se cumplirán cabalmente sólo con la muerte de su enemigo. Al hacerlo terminará para usted la desdicha que vive y todo cambiará para bien. En el lugar de David, ¿qué habría hecho usted? David, a través de lo que llamamos hoy *"la mente de Cristo"*, tuvo la capacidad para ver y entender una realidad espiritual que estaba por encima de las circunstancias, David pudo comprender que no le tocaba a él tomar en sus manos el tiempo de Dios para acelerar sus promesas, y a pesar de las presiones del momento, sabiamente escoge moverse en el tiempo del Señor. ¿Y si esto le ocurriera a usted dos veces, actuaría igual en ambas ocasiones? David lo hizo. 1 Samuel 24:18-20 no dice que al enterarse el rey de la acción de David, dijo: *"Hoy me has demostrado que tú buscas mi bien, pues habiéndome puesto el Señor en tus manos, no me mataste. En Realidad, no hay nadie que, al encontrar a su enemigo, lo deje ir sano y salvo. ...Ahora me doy perfecta cuenta de que tú serás el rey, y de que bajo tu dirección el reino de Israel habrá de prosperar."*

A pesar de todas las promesas dcl rey, éste no dejó de perseguir a su yerno. David, cansado de esta vida comenzó a desesperarse y a desconfiar de la protección divina diciendo que Saúl tarde o temprano le mataría. Por eso decide salir de Israel e irse con sus seiscientos hombres a Filistea, la tierra de los archienemigos de Israel. Este acto constituía una falta de fe en el Señor que siempre le había protegido. Aquis, el rey de Gat, recibió muy bien a David y a sus hombres y le permitió vivir en la ciudad de Siclag.

David se mantenía saqueando los pueblos vecinos fuera de Filistea y mataba a toda persona que encontraba en sus saqueos para no dejar testigos, asegurándose así que nadie iría a contarle al rey filisteo. Mientras tanto, David mentía al rey Aquis, a quién le hacía creer que sus incursiones eran en territorio israelita. Las grietas en el carácter de David se hicieron visibles, y son injustificables sus acciones, pues mentía, saqueaba y mataba impunemente. Los filisteos se preparaban para atacar a Israel y el rey Aquis le solicitó a su protegido que luchara a su lado en contra de su propio pueblo. Si David tenía reales intenciones de ir no lo sabemos, pero contestó que iría con ellos. Fue por la solicitud de los altos jefes militares filisteos quienes, desconfiando de David, le rogaron al rey que no permitiera que el paladín israelita les acompaña, pues temían que ya en la batalla peleara con su pueblo. ¿Qué hubiera sido de David si hubiese peleado junto al enemigo, particularmente en aquella batalla donde murió el rey Saúl y tres de sus hijos, incluyendo al propio Jonatán? Otra fuera su historia.

David esperó entre doce a dieciocho años para ser rey. ¿Y usted, cuánto ha esperado por una promesa de Dios?

Al morir el rey Saúl David fue proclamado rey en Hebrón por las tribus del sur, Judá; mientras que Is-boset, un hijo de Saúl, fue hecho rey por las tribus del norte, que se hacían llamar Israel. Este movimiento fue conducido por Abner, general de Saúl que no había perecido en la batalla. Esto provocó una sangrienta guerra civil que duró los dos años del reinado de Is-boset, hasta que éste fue asesinado por su propia gente. También el general Abner, quién decidió unirse a David, fue asesinado por Joab, general de David, en una venganza personal. Frente a estos acontecimientos las tribus del norte decidieron proclamar a David como su rey. Así llegó David a reinar sobre todo el pueblo.

La Escritura dice en 2 Samuel 5:4-5: *"David tenía treinta años cuando empezó a reinar, y reinó cuarenta años: en Hebrón fue rey de Judá durante siete años y medio, y luego en Jerusalén fue rey de todo Israel y Judá durante treinta y tres años."*

David esperó entre doce a dieciocho años para ser rey. ¿Y usted, cuánto ha esperado por una promesa de Dios?

Jesucristo: El Rey que Pronto Viene

En Jesucristo se cumplirán todas las promesas mesiánicas dadas a David sobre un reino perpetuo. Aquel '"Hijo de David" instaurará su reino no sólo sobre Israel sino sobre todo el mundo. La inminencia del retorno del Señor Jesucristo es un mensaje que se ha predicado desde la misma iglesia primitiva, y ese retorno continúa siendo inminente. Cristo viene y cada día hacemos nuestra parte para acelerar su venida. Con frecuencia se escuchan canciones que hablan de la tardanza del Señor en regresar a buscar su iglesia. Una dice *"Señor no tardes más y a Jesucristo envíanos ya"*. A pesar de la buena intención de los autores, el apóstol Pedro, hablando del retorno del Señor Jesucristo, expresa claramente:
Además, queridos hermanos, no se olviden que para el Señor un día es como mil años, y mil años como un día. No es que el Señor se tarde en cumplir su promesa, como algunos suponen, sino que tiene paciencia con ustedes, pues no quiere que nadie muera, sino que todos se vuelvan a Dios." [83]

El retorno de nuestro Señor y todo lo que ocurrirá con esto, es la gran esperanza de la iglesia. A pesar de las burlas que la iglesia recibe por esperar el retorno de su Rey, sabemos que es la extendida misericordia divina esperando por añadir un nombre más a la lista de las personas salvadas y libertadas por Jesucristo. ¡Gracias Señor por haberme esperado!

La expresión que encontramos finalizando el libro de Apocalipsis, *"¡Ven, Señor Jesús!"* es una declaración misionera. Es decir, declarar, proclamar y desear el

[83] 2 Pedro 3:9 (DHH)

retorno del Señor debe estar motivado por un genuino deseo de encontrarnos con nuestro Salvador, por lo tanto, debe movernos a testificar de Jesús, a procurar por todos los medios que cada pueblo sobre la tierra conozca de la esperanza de vida eterna que tenemos en Jesucristo. No debemos desear el retorno del Señor para que terminen nuestras dificultades y tribulaciones. Sin desesperarnos, hagamos nuestra parte para acelerar esa venida, mientras anunciamos el inminente retorno de Jesucristo, nuestro Rey que pronto viene.

Al optar por pensar y actuar mediante la mente de Cristo en nosotros, le permitimos al Señor conducirnos de la forma y manera que Él desea. Nos acercamos a la perfecta voluntad divina para el peregrinaje de nuestra existencia. No necesariamente tratando con desesperación, cada día, de conocer que desea el Señor que hagamos, sino asegurándonos de mantenernos en comunión con Él y lo demás fluirá. La experiencia del camino nos irá afinando el sentido de audición para distinguir y seguir la voz de Dios, la cual nos viene en múltiples formas. El Espíritu Santo desea mostrar la evidencia, el fruto o los resultados de su presencia en nosotros. Al permitirlo, estaremos viviendo en aquello que Pablo llama la mente de Cristo. Iremos sembrando nuestro sendero con el perdón, la comprensión, la tolerancia y el amor especialmente para aquellos que no hacen nada para merecerlo.

Al iniciar el día mírese al espejo y diga: *"Señor ayúdame a vivir este día pensando y actuando mediante el influjo de la mente de Cristo en mi."* Luego salga a vivir la vida al estilo de Jesucristo, que es, por demás, impactante y revolucionaria.

Nuestra vida es como un puente; vamos a cruzarlo sin pretensiones de hacer morada fija sobre él. Vamos tras nuestra morada eterna, somos simples peregrinos y advenedizos. No vivamos como si este fuera nuestro perenne hogar. Nuestra esperanza es algo ¡fuera de este mundo! Pongamos el futuro en las seguras y cálidas manos del Maestro, convencidos de su amor y su poder. Nadie como Él para guiarnos sobre las planicies de verdes praderas, o en los profundos, oscuros y peligrosos valles; a través de las aguas tranquilas, o en aquellas turbulentas. Toda dificultad será usada para conformarnos a su imagen. Sólo la persona que camina de la mano del buen Pastor puede transitar seguro, pues Dios tiene un plan maravilloso para su vida. ¡Señor danos un entendimiento más allá de lo ordinario y humano!

Su Plan para Mí

Cuando me presente ante el tribunal de Cristo y Él me enseñe el plan que tuvo para mí, el plan de mi vida como podría haber sido si hubiera yo hecho Su voluntad, y yo vea como le estorbé aquí y lo pasé allá, y no quise ceder mi voluntad, habrá pena en los ojos de mi Salvador, pena, pues aún me ama.

Él hubiera querido que yo fuera rico, pero estaré allí pobre, absolutamente sin nada, sólo Su gracia, mientras la memoria corre como algo que se ha espantado, por caminos que no puedo volver a andar. Entonces mi corazón desolado casi se romperá con lágrimas que no puedo derramar. Cubriré mi cara con mis manos vacías, e inclinaré mi cabeza sin corona.

Señor, los años que me quedan, los pongo en tus manos. Tómame y moldéame, para cumplir el propósito que tú has planeado. [84]

11. Ford, Leighton. La gran minoría. Miami : Editorial Caribe, 1969.

---

[84] Autor desconocido.

BIBLIOGRAFÍA

1. Anderson, Neil. Rompiendo las cadenas. Miami : Unilit, 1998.

2. Barclay, William. Mateo. Buenos aires : Editorial la Aurora, 1973.

3. Berkhof, Luis. Teología Sistemática. Grand Rapids : T.E.L.L., 1983

4. Bosch, Juan. David: biografía de un Rey. Santo Domingo : Editorial Alfa y Omega, 1994.

5. Comentario bíblico Moody. Chicago : Editorial Moody, 1971.

6. Cramer, Raymond L. The psycology of Jesus and mental health. Grand Rapids : Zondervan Publishing House, 1959

7. Eisenman, Tom. Tentaciones que enfrentan los hombres. Miami: Editorial Vida, 1993.

8. Elliot, Elisabeth. Through gates of splendor. Old Tappan, N.J.: Fleming H. Revell, 1957.

9. Enciclopedia Hispánica. Barcelona : Encyclopaedia Britannica Publishers, 1991.

10. Enciclopedia Ilustrada Cumbre. México : Editorial Cumbre, 1983.

12. Foster, Richard J. Dinero, Sexo y poder. Caparra Terrace, PR.: Editorial Betania, 1989.

13. Graham, Billy. Los Angeles, agentes secretos de Dios. Miami : Editorial Caribe, 1989

14. Guthrie, D., J.A. Motyer, eds. Nuevo comentario bíblico. El Paso: Casa Bautista de Publicaciones, 1977.

15. Hendriksen, Guillermo. El evangelio según San Mateo. Grand Rapids: Subcomisión de Literatura Cristiana, 1986.

16. Islam, un llamado al arrepentimiento. Managua : Acción Misionera en Nicaragua.

17. Jamieson, Robert. Comentario exegético y explicativo de la Biblia. El Paso: Casa Bautista de Publicaciopnes, 1975.

18. Ogilvie, Lloyd John. Caer en la Grandeza. Miami : Editorial Vida, 1985

19. Parker, James I. Hacia el conocimiento de Dios. Miami: Logoi, 1979.

20. Perlman, Myer. Teología bíblica y sistemática. Miami : Editorial Vida, 1985.

21. Savage, Roberto C., José Andrade. El drama del curaray.

22. Spangles, J.Roberto. Dios en primer lugar. Buenos Aires: Editora Sudamericana

23. Sopena. Frases célebres y citas. Barcelona: Editorial Sopena.1994

24. Tozer, A.W. Ese increíble cristiano. Harrisburg, Pennsylvania: Christian Publication, 1964.

Del mismo autor puede leer:

Made in the USA
Middletown, DE
20 September 2022